Santificação

A soberania de Deus que desperta
a responsabilidade do homem

Editora Appris Ltda.
1.ª Edição - Copyright© 2024 do autor
Direitos de Edição Reservados à Editora Appris Ltda.

Nenhuma parte desta obra poderá ser utilizada indevidamente, sem estar de acordo com a Lei nº 9.610/98. Se incorreções forem encontradas, serão de exclusiva responsabilidade de seus organizadores. Foi realizado o Depósito Legal na Fundação Biblioteca Nacional, de acordo com as Leis nos 10.994, de 14/12/2004, e 12.192, de 14/01/2010.

Catalogação na Fonte
Elaborado por: Josefina A. S. Guedes
Bibliotecária CRB 9/870

C268s
2024
	Cardoso, Nisvaldo Gomes (Rev.)
	   Santificação: a soberania de Deus que desperta a responsabilidade do homem / Rev. Nisvaldo Gomes Cardoso. – 1. ed. – Curitiba: Appris, 2024.
	   87 p. ; 21 cm.
	
	   Inclui referências.
	   ISBN 978-65-250-5648-7
	
	   1. Deus. 2. Espírito Santo. 3. Jesus Cristo. 4. Santificação. I. Título.
	
	                                                     CDD – 231

Appris editora

Editora e Livraria Appris Ltda.
Av. Manoel Ribas, 2265 – Mercês
Curitiba/PR – CEP: 80810-002
Tel. (41) 3156 - 4731
www.editoraappris.com.br

Printed in Brazil
Impresso no Brasil

Rev. Nisvaldo Gomes Cardoso

Santificação

A soberania de Deus que desperta
a responsabilidade do homem

FICHA TÉCNICA

EDITORIAL	Augusto Coelho
	Sara C. de Andrade Coelho
COMITÊ EDITORIAL	Marli Caetano
	Andréa Barbosa Gouveia (UFPR)
	Jacques de Lima Ferreira (UP)
	Marilda Aparecida Behrens (PUCPR)
	Ana El Achkar (UNIVERSO/RJ)
	Conrado Moreira Mendes (PUC-MG)
	Eliete Correia dos Santos (UEPB)
	Fabiano Santos (UERJ/IESP)
	Francinete Fernandes de Sousa (UEPB)
	Francisco Carlos Duarte (PUCPR)
	Francisco de Assis (Fiam-Faam, SP, Brasil)
	Juliana Reichert Assunção Tonelli (UEL)
	Maria Aparecida Barbosa (USP)
	Maria Helena Zamora (PUC-Rio)
	Maria Margarida de Andrade (Umack)
	Roque Ismael da Costa Güllich (UFFS)
	Toni Reis (UFPR)
	Valdomiro de Oliveira (UFPR)
	Valério Brusamolin (IFPR)
SUPERVISOR DA PRODUÇÃO	Renata Cristina Lopes Miccelli
ASSESSORIA EDITORIAL	Daniela Nazario
REVISÃO	Camila Dias Manoel
DIAGRAMAÇÃO	Renata Cristina Lopes Miccelli
CAPA	Carlos Pereira
REVISÃO DE PROVA	Jibril Keddeh

À minha querida esposa, Célia Cristina, por sua ternura, alegria, paciência, amizade, sinceridade, compreensão, perdão, arrependimento, honra, respeito, cooperação, incentivo, confiança, abnegação, sabedoria, submissão, humildade, silêncio, diálogo, companhia, choro, desabafo, superação, favores, abraços, sorrisos, tristezas e profundo amor.

Aos meus filhos, Caio Welberth e Karen Cardoso, pelo amor que eles demonstram todos os dias, com palavras encorajadoras, e por todo o incentivo.

Dedico este livro a vocês, com gratidão e sinceridade.

AGRADECIMENTOS

Àquele "que está assentado sobre a redondeza da terra, cujos moradores são como gafanhotos"; que "estende os céus como cortina e os desenrola como tenda para neles habitar"; que "reduz a nada os príncipes e torna em nulidade os juízes da terra"; que não se cansa, mas "faz forte ao cansado e multiplica as forças ao que não tem nenhum vigor" (Isaías 40.22, 23, 29). A Ele, o Deus Pai, que se doou ao entregar o seu único Filho na cruz por amor, toda a minha gratidão e louvor.

À minha mãe, Maria Gomes de Pinho (*in memoriam*); ao meu pai, João Gomes Cardoso, pelo apoio, pelas orações, pelo incentivo, pela esperança e pela forma incansável de amar-nos.

Ao Rev. Prof. Fernando Arantes, pela disposição constante em atender e servir, pela piedade, compreensão e sabedoria com as quais fui orientado, resultando no que há de positivo neste livro.

SUMÁRIO

1
PRÓLOGO 13

2
A SANTIFICAÇÃO
É PARA OS ELEITOS DE DEUS 15

3
SANTIFICAÇÃO, OBRA DA LIVRE GRAÇA AO ELEITO 21

4
SANTIFICAÇÃO X SOBERANIA 29

5
SANTIFICAÇÃO ANTES E DEPOIS DA REFORMA PROTESTANTE 34

6
IMPLICAÇÕES DA SANTIFICAÇÃO 41

7
O QUE DEUS FAZ A RESPEITO
DA SANTIFICAÇÃO 46

8
COMO SE DÁ O PROCESSO
DA SANTIFICAÇÃO 55

9
UNIÃO COM CRISTO 66

10 EPÍLOGO 78

REFERÊNCIAS 80

*Não existe um lugar onde possamos esconder-nos de Deus.
Ele não apenas perscruta cada aspecto da nossa vida,
mas o faz em sua santidade sublime.
Portanto, devemos procurar entender o que significa "santo".
Não ousemos tentar evitar essa compreensão.
Sem ela não existe adoração, nem crescimento espiritual,
nem obediência verdadeira.
Ela define nosso objetivo como cristãos.*

(R. C. Sproul)

1

PRÓLOGO

Ao longo da história da Igreja, torna-se visível como a santificação é pertinente aos que confessam a Cristo como Senhor e Salvador. Apesar disso, pode-se perceber também que o Espírito Santo e a santificação têm sido, por muitas vezes, ignorados e minimizados.

A meta do Espírito Santo é a transformação do eleito à semelhança de Cristo (Rm 8.29). Esse é o conceito de "santificação" ou "santidade" no Novo Testamento — a conformidade com Cristo[1]. É por meio da obra de santificação operada pelo Espírito Santo que é efetuada a restauração a esse estado de semelhança com Cristo.

Nesse processo, o Espírito Santo trabalha na vida do homem que está com a imagem de Deus distorcida pelo pecado, e transforma-o naquele que leva essa imagem em glória. Isso é o que significa tornar-se "participantes na natureza divina", conforme 2 Pedro 1.4[2].

Se na justificação o homem é liberto da pena do pecado, na santificação ele é livre da corrupção do pecado. Pela justificação, o Espírito Santo transforma a consciência do homem; e pela santificação o Espírito Santo opera a mudança no ser do homem. Portanto, pela santificação o homem torna-se bom e capaz de realizar o bem[3].

---

[1] FERGUSON, S. B. **O Espírito Santo**. [S. l.]: Editora Os Puritanos, 2014. p. 191.
[2] *Ibidem*, p. 192.
[3] BAVINCK, H. **Teologia sistemática**. Santa Barbara d'Oeste: Socep, 2001. p. 515.

É importante destacar que, para a teologia reformada, o autor da santificação é Deus, e não o homem. Este, contudo, não é totalmente passivo no processo (2 Co 7.1; Cl 3.5-14; 1 Pe 1.22). Desse modo, a santificação é um resultado da ação soberana de Deus, em que o pecador é restaurado no seu cerne e impelido a ser, cada vez mais, conforme a imagem de Deus.

O que nos propomos a tratar sobre "santificação" neste livro está fundamentado na *Confissão de fé*, no *Catecismo maior* e no *Breve catecismo de Westminster*. Ao longo das próximas páginas, iremos nos ater às seguintes questões:

1. Se a santificação é um ato que parte do próprio Deus em direção a seus filhos, por que, geralmente, não notamos diferença entre a vida dos ímpios e a dos filhos da luz?
2. Se há uma luta contínua e irreconciliável entre carne e espírito, por que a carne tem sobressaído, e não o espírito?
3. Podemos dizer que buscamos a santificação sem termos passado pela regeneração (tendo em vista que a primeira é consequência da segunda)?
4. Apesar de ser fato conhecido que a obra da regeneração e santificação é imperfeita nesta vida — pois ela completar-se-á apenas no porvir — e que a santificação da alma se completa na morte e a do corpo, na ressurreição[4], cabe aos que aceitaram a fé laborarem a santificação em suas respectivas vidas.
5. A vida do crente deve ser engajada na santificação. Baseados nos princípios bíblicos, pretendemos, neste livro, propor e demonstrar o relacionamento de Deus com o homem no processo de santificação e a ação do homem nesse processo.

---

[4] BRAGA, L. **Manual de catecúmenos**: esboço de teologia cristã. 3. ed. São Paulo: Casa Editora Presbiteriana, 1971. p. 4. Pergunta 94.

2

A SANTIFICAÇÃO É PARA OS ELEITOS DE DEUS

Na *Confissão de fé de Westminster*[5], o item 1 do capítulo 13 declara o seguinte sobre a santificação:

> Os que são eficazmente chamados e regenerados, tendo sido criado neles um novo coração e um novo espírito, são, além disso, santificados, real e pessoalmente, pela virtude da morte e ressurreição de Cristo, por sua Palavra e por seu Espírito, que neles habita; o domínio de todo o corpo do pecado é destruído, as suas várias concupiscências são mais e mais enfraquecidas e mortificadas, e eles são mais e mais vivificados e fortalecidos em todas as graças salvadoras, para a prática da verdadeira santidade, sem a qual ninguém verá o Senhor.

Esse argumento é puramente calcado nas Sagradas Escrituras, pois a santificação não é um processo que ocorre de maneira isolada no plano divino da redenção humana. Como dito por Berkhof[6]:

> Ela [a santificação] consiste, fundamental e primariamente, de uma operação divina na alma pela qual a santa disposição nascida na regeneração é fortalecida e os seus santos exercícios

---

[5] **A Confissão de fé de Westiminster**, São Paulo: cultura Cristã, 2019. p. 99.
[6] BERKHOF, L. **Teologia sistemática**. 4. ed. São Paulo: Cultura Cristã, 2012. p. 490.

são aumentados. É essencialmente uma obra de Deus, embora, na medida em que Deus emprega meios, possamos esperar que o homem coopere pelo uso adequado desses meios.

A santificação é obra de Deus, movida pela eleição dos pecadores para a vida eterna por meio da morte e ressurreição de Jesus Cristo. Com isso, conclui-se que caminhamos na santidade somente por intermédio do Espírito Santo. Há muitos textos bíblicos que sustentam essa doutrina. O apóstolo Paulo tinha em seu ministério uma grande preocupação com a santidade das igrejas, portanto, em suas cartas, sempre lhes escrevia algum tipo de incentivo para que buscassem a santificação (Rm 6.5-6; Gl 2.20; 1 Ts 5.23).

O processo de santificação pode ser encontrado por todas as páginas das Sagradas Escrituras. Começando quando o Senhor tirou com mão forte e poderosa seu povo do Egito e deu ordens para que se santificassem: "Não profanareis o meu nome, mas serei santificado no meio dos filhos de Israel. Eu sou o SENHOR, que santifico, que vos tirei da terra do Egito, para ser vosso Deus. Eu sou o SENHOR" (Levítico 22.32-33)[7].

O *Catecismo maior*, na pergunta 75, responde acerca da santificação:

> Santificação é uma obra da graça de Deus, pela qual os que Deus escolheu, antes da fundação do mundo, para serem santos, são nesta vida, pela poderosa operação do seu Espírito, aplicando a morte e ressurreição de Cristo, renovados no homem interior, segundo a imagem de Deus, tendo os germes do arrependimento que conduz à vida e de todas as outras graças salvadoras implantadas em seus corações, e tendo essas graças de tal forma excitadas, aumentadas e fortalecidas, que eles morrem cada vez mais para o pecado e ressuscitam para a novidade de vida.

---

[7] Todos os textos bíblicos citados neste livro serão retirados da Bíblia Almeida Revista e Atualizada. Quando for utilizada outra versão, ela será citada.

Por essa definição riquíssima, fica evidente que a santificação é uma prática própria dos eleitos. Estes foram alvos da misericórdia e da graça do trino Deus. Mediante sua ação trinitária, Deus Pai chama os pecadores da morte, Deus Filho substitui os pecadores eleitos na morte, e Deus Espírito Santo regenera, justifica e santifica os pecadores eleitos para a vida. Assim, os eleitos passam a ser novas criaturas, a ter uma nova vida, o que só é possível por meio da graça salvadora implantada em seus respectivos corações, que antes eram de pedra, mas agora são de carne.

O autor aos hebreus escreve: "Segui a paz com todos e a santificação, sem a qual ninguém verá o Senhor" (Hebreus 12.14). O que ele está dizendo é que não há nada mais precioso do que ser santo, pois é o que nos leva a Deus. Ser santo é poder viver com Deus, ter um profundo relacionamento em comunhão com Ele, é viver aqui na terra com os olhos fixos nas glórias do céu. Buscar a santificação é viver em novidade de vida, pois ela nos dá uma plena renovação.

A *Confissão de fé de Westminster*, no item 2 do capítulo 13, diz o seguinte sobre a santificação ser imperfeita:

> Esta santificação é no homem todo, porém imperfeita nesta vida; ainda persistem em todas as partes dele restos de corrupção, e daí nasce uma guerra contínua e irreconciliável — a carne lutando contra o espírito e o espírito, contra a carne.

Essa luta interior, existente por causa do nosso pecado, é uma realidade frequente em nossa vida. Paulo, escrevendo aos gálatas, relata essa constante guerra entre carne e espírito, pois um é oposto ao outro. O mesmo apóstolo, escrevendo aos romanos, diz que o bem que ele tanto queria fazer ele não fazia, mas o mal que não queria fazer este sim ele fazia. Diante dessas declarações bíblicas, vê-se claramente que não há harmonia entre o pecado existente no homem e o Espírito Santo que nele habita

Outra questão levantada por meio do *Catecismo maior*, em sua pergunta 78, é esta: "Será que esta qualidade de vida é perfeita e se completa nesta vida?" Ao que responde o *Catecismo*:

> Como é que a Santificação dos crentes é imperfeita? A Santificação dos crentes é imperfeita por causa dos restos do pecado que permanecem neles, e das perpétuas concupiscências da carne contra o espírito; por isso, eles são muitas vezes arrastados pelas tentações e caem em muitos pecados, são impelidos em todos os seus serviços espirituais, e as suas melhores obras são imperfeitas e manchadas diante de Deus.

O *Catecismo maior* aborda com extrema propriedade as imperfeições da santificação, pois ela ainda não foi consumada. O ser humano, a cada dia, vai se aperfeiçoando, como se estivesse em uma escada e precisasse subi-la degrau a degrau até chegar a ser um dia perfeito. Este é o caminho da santificação.

Os resquícios do pecado, contudo, manifestam-se sempre contra a vontade do Espírito. Não que aquele prevaleça contra este, mas, nessa caminhada da santificação, incluem-se as quedas, e é neste momento que o Espírito Santo age para nos levantar. Há uma guerra terrível sendo travada no íntimo do ser humano, e o principal campo de batalha é dentro da sua mente.

Nessa luta, se não fosse pelo poder extraordinário do Espírito Santo, o homem estaria condenado à perdição. A *Confissão de fé de Westminster*, no item 3 do capítulo 13, relata essa posição conflitante no ser humano:

> Nesta guerra, embora prevaleçam por algum tempo as corrupções que ficam, contudo, pelo contínuo socorro da eficácia do santificador Espírito de Cristo, a parte regenerada do homem novo vence, e assim os santos crescem em graça, aperfeiçoando a santidade no temor de Deus.

Portanto, nesse processo existem altos e baixos: ora caímos, ora somos levantados pelo Espírito. No desenrolar da caminhada, as intenções malignas e os aspectos pecaminosos vão sendo diminuídos pela graça derramada e pela intervenção do Espírito. Com isso, o homem eleito apropria-se aos poucos da santidade.

Para o apóstolo Paulo, a busca pela santidade era primordial, de tal modo que ele testifica da relevância do Espírito Santo no ser humano quando afirma, em Romanos 8.13, que, "porque, se viverdes segundo a carne, caminhais para a morte; mas, se, pelo Espírito, mortificardes os feitos do corpo, certamente, vivereis". A obra da carne só leva o ser humano à derrota e à morte. Se fizermos a vontade de Deus, contudo, ainda segundo Paulo, no versículo 14 do mesmo texto, temos que "todos os que são guiados pelo Espírito de Deus são filhos de Deus". O ser regenerado pelo Espírito pode até ter momentos de derrotas, mas as vitórias são frequentes; sem a presença do Espírito Santo, não haveria vitórias.

O homem após a queda é, por natureza, sujeito ao fracasso, o que é muito mais constante com aqueles que não estão enxertados na videira que é Jesus Cristo. Foi Ele próprio quem afirmou essa verdade: "sem mim nada podeis fazer" (João 15.5b). Somente quando o Deus Altíssimo visita o ser humano em suas fragilidades este passa a conhecer as vitórias. É bom estarmos com Deus, pois é Ele quem nos dá a possibilidade das conquistas. Ele é o Senhor dos Exércitos, o Senhor dos senhores, o Deus de Jacó, a quem os filhos de Coré chamam de "nosso refúgio" (Salmo 46.1-7, 11). Nos eleitos de Deus, quem é destruído é o pecado, enquanto, em relação aos ímpios, estes é que perecerão no Dia do Juízo Divino.

Tal é o enfoque confessional que os praticantes da fé reformada dão acerca da santificação. Portanto, pode-se perceber que a santificação é uma graça vinda do próprio Deus para nós os eleitos por ação e obra do Espírito Santo. No entanto, o ser humano toma parte dessa graça sem nenhum merecimento, o que se estenderá por toda a sua vida, até a ser dia perfeito, completando-se plenamente na glória.

A base da santificação está na obra expiatória de Cristo, por meio de sua morte e ressurreição. São os méritos de Cristo que garantem ao pecador uma vida abundante. Entretanto não se pode perder de vista qual é a tarefa do cristão dentro dessa doutrina, ou seja, o que cabe aos que creem em Jesus fazer em prol do seu próprio aperfeiçoamento até a volta do Senhor.

Não podemos esquecer a dinâmica da santificação, pois não há outro modo de ser feliz a não ser pela busca da santidade. A essência da vida é a comunhão com Deus. Como diz Ferreira[8]:

> Quando é dito que o homem toma parte na obra de santificação, isto não significa que o homem é agente independente na obra, sendo parte da obra de Deus e parte da obra do homem; mas somente que Deus efetua a obra em parte através da instrumentalidade do homem como um ser racional, requerendo dele a cooperação inteligente e de oração com o Espírito.

---

[8] FERREIRA, J. A. **Antologia teológica**. Campinas: Ed. Cristã Unida, 1980. p. 254.

3

SANTIFICAÇÃO, OBRA DA LIVRE GRAÇA AO ELEITO

Muitos entendem "santificação" como a firme e rigorosa separação de tudo que não se coaduna com as normas e os costumes de alguma tradição religiosa. Assim, acreditam que ser santo é sinônimo de, por exemplo, não utilizar determinado objeto, não frequentar determinado lugar ou não praticar aquele ou outro ato. A santificação, desse modo, caracterizar-se-ia pelo legalismo[9] ou pela negatividade.

É importante destacar que há diversos mandamentos de Deus usando a negativa (por exemplo, "*Não* matarás"), cujo oposto exprime igualmente uma ordem, agora no sentido positivo (no caso do exemplo utilizado, em relação a preservar a vida). Vale lembrar, contudo, que, à luz do cristianismo neotestamentário, tanto o aspecto negativo quanto o positivo têm espaço na santificação, sendo esta algo bem diferente do que é entendido pela maioria. Isso é verificado no texto bíblico de 1 Pedro 1.13-22:

> Por isso, cingindo o vosso entendimento, sede sóbrios e esperai inteiramente na graça que vos está sendo trazida na revelação de Jesus Cristo. Como filhos da obediência, não vos amoldeis às paixões que tínheis anteriormente na vossa ignorância; pelo contrário, segundo é santo aquele

---

[9] Legalismo é colocar as leis acima de Deus e das necessidades humanas. É o estilo de vida de pessoas que acreditam que o cumprimento das regras torna o indivíduo merecedor do favor e da salvação divina. O legalismo é, portanto, uma forma de escravidão.

que vos chamou, tornai-vos santos também vós mesmos em todo o vosso procedimento, porque escrito está: Sede santos, porque eu sou santo. Ora, se invocais como Pai aquele que, sem acepção de pessoas, julga segundo as obras de cada um, portai-vos com temor durante o tempo da vossa peregrinação, sabendo que não foi mediante coisas corruptíveis, como prata ou ouro, que fostes resgatados do vosso fútil procedimento que vossos pais vos legaram, mas pelo precioso sangue, como de cordeiro sem defeito e sem mácula, o sangue de Cristo, conhecido, com efeito, antes da fundação do mundo, porém manifestado no fim dos tempos, por amor de vós que, por meio dele, tendes fé em Deus, o qual o ressuscitou dentre os mortos e lhe deu glória, de sorte que a vossa fé e esperança estejam em Deus. Tendo purificado a vossa alma, pela vossa obediência à verdade, tendo em vista o amor fraternal não fingido, amai-vos, de coração, uns aos outros ardentemente.

Nesse texto, encontram-se os fatores integrantes da santificação cristã — da verdadeira santificação —, "sem a qual ninguém verá o Senhor" (Hebreus 12.14).

O *Breve catecismo*, em sua pergunta 35, relata, com base na Bíblia, que "Santificação é a obra da livre graça de Deus, pela qual somos renovados em todo nosso ser, segundo a imagem de Deus, habilitados a morrer cada vez mais para o pecado e a viver para a retidão".

Santificação é o ato de tornar-se santo. No hebraico, o termo usado para "santo" é קדש (*qadash*), que significa "Ser consagrado, ser santo, ser santificado, consagrar, santificar, preparar, dedicar"[10]. No grego, é *haguias*, que quer dizer "Santo, puro, separado por moral ou cerimonialmente santo"[11]. Diante dessas

---

[10] DICIONÁRIO internacional de teologia do Antigo Testamento. São Paulo: Ed. Vida Nova, 1998. p. 1.320.

[11] LÉXICO do N.T. grego/português. Barueri: Sociedade Bíblica do Brasil, 2010. p. 10.

definições, vemos que santificação é o ato de tornar-se santo, tanto no hebraico como no grego.

A língua portuguesa possui a mesma definição para santo. No português, "santificar" significa "tornar-se santo"; e "santidade" significa "qualidade ou estado do que é santificação, procedimento de santo"[12].

Tais palavras podem ser aplicadas a qualquer pessoa, lugar, ocasião ou objeto, desde que colocados à parte do comum. Assim é com a pessoa escolhida por Cristo Jesus para toda a boa obra: somos eleitos por Deus e colocados à parte para sermos santos, separados, para que realmente possa haver santidade.

Essa é a manifestação de Deus a nós, mas, ao mesmo tempo, o santificado dá mostras de que Deus habita de fato nele: "Agora, porém, libertados do pecado, transformados em servos de Deus, tendes o vosso fruto para a santificação e, por fim, a vida eterna" (Romanos 6.22). Diante desse versículo, vê-se a clara evidência de que quem é santo tem de produzir fruto, e este para Deus.

A santificação sempre está ligada ao serviço de Deus, pois, se não estiver relacionada com Ele, não passa de um aprimoramento pessoal, e isto não é santificação, é legalismo e uma mera moralidade humana.

Santificação no Antigo Testamento

Como dito, a raiz etimológica da palavra "santificação" no hebraico antigo é שדק (*qadash*). Este é um verbo empregado na forma *Nifal*, do *Hifil* e do *Hithpael*. Essas formas verbais são derivadas das formas nominal e adjetiva, como elucidado por Berkhof[13]. Na verdade, o próprio Berkhof apresenta as dificuldades desses termos ao afirmar que seus significados são incertos, uma vez que alguns estudiosos defendem que o vocábulo *qadash* é relacionado com *chadash*, que significa "brilhar". Assim sendo, vê-se que já

---

[12] MINIDICIONÁRIO escolar português. São Paulo: Ed. Ciranda Cultural, 2014. p. 290.
[13] BERKHOF, 2012, p. 531.

estaria em harmonia com a ideia de santificação/santidade. O fato é que, por mais variados ou incertos que possam ser, todos os termos passam a ideia de algo separado, santificado.

O próprio Deus deu o mandamento para que o povo se santificasse — ideia presente em toda a Escritura Sagrada. No Antigo Testamento, o Senhor pede que todos sejam santos, trazendo sempre a ideia de um povo separado para a Sua glória. Quando Deus chama Moisés para receber as tábuas da lei, primeiramente Ele diz que quer que o povo se santifique. O que o Senhor queria do povo era obediência e, consequentemente, vidas separadas, consagradas para algo muito especial (Êx 19.10).

Outra ordem que indica essa ideia de santificação é a separação dos primogênitos, pois o Senhor queria que estes fossem consagrados desde o nascimento (Êx 13.2). Foi assim com Arão, o irmão de Moisés e seu porta-voz, homem levantado por Deus para a tarefa sacerdotal (Êx 28.1). Em todos os serviços especiais, o Senhor pedia ao povo e ao sacerdote santificação.

Foi assim também quando os israelitas se preparavam para subir a Arca do Senhor. Deus pediu que os sacerdotes se santificassem (1 Cr 15.14). Josué deu ordem especial ao povo para que também se santificassem, pois eles veriam maravilhas[14] de Deus no outro dia. "Santificai-vos, porque amanhã o Senhor fará maravilhas no meio de vós" (Js 3.5). A Nação de Israel é santificada por Deus: "Eu sou o Senhor que santifico a Israel" (Ez 37.28).

A santificação sempre foi prioridade para todo aquele que andava com Deus. Um exemplo disso foi Jó. Ele se preocupava não apenas com a sua própria santificação, mas também com a de sua família. Assim, ele santificava os seus filhos ao Senhor (Jó 1.5).

Jeremias foi santificado antes de seu nascimento para a tão importante tarefa de ser profeta: "antes que saísses da madre te santifiquei" (Jr 1.5), como o próprio Deus disse a ele.

---

[14] Essa mesma palavra foi utilizada para indicar as pragas do Egito, também na conquista da terra (BÍBLIA de estudo de Genebra. São Paulo: Cultura Cristã; Sociedade Bíblica do Brasil, 1999. p. 249).

O Antigo Testamento usa o termo "santificação" como algo que o homem faz para Deus e em relacionamento com Deus. A ideia de que Deus é Santo domina todo o Velho Testamento, portanto temos o próprio Deus como pilar de todas as doutrinas concernentes à santificação ou à santidade.

O profeta Isaías relata sobre isso quando traz uma breve imagem dos serafins, que voavam e clamavam dizendo: "Santo, Santo, Santo é o Senhor dos Exércitos" (Is 6.3). Dessa forma, é possível ver quanto Deus quer um relacionamento sincero com aqueles que O seguem e O têm como Senhor de suas respectivas vidas. Ele é puro (*santo*) e quer que sejamos também santificados. Deus separou o Seu povo para ser santo.

Santificação no Novo Testamento

A ideia de santificação, no Novo Testamento, não está somente voltada para a pessoa de Deus. O verbo referente a "santificação" é Αγιασμός (tornar santo), sendo derivado de αγιος (*hagios*), que, como קדש (*qadash*), também expressa a ideia de ser separado[15].

O que se deseja destacar é o termo αγιας (agios), usado para denotar a operação de Deus, pela qual Ele, por intermédio de seu Espírito Santo, produz no ser humano a qualidade subjetiva de santidade: "αγιάστε τους στην αλήθεια", ou seja, "santifica-os na verdade" (Jo 17.17). A ideia nesse texto é a de libertação das impurezas e corrupções mundanas. Quando Jesus pronuncia essa oração ao Pai, Ele diz que não somos alienados do mundo, ou seja, vivemos no mundo, porém Jesus pede ao Pai um cuidado especial pelos seus, para serem diferentes, "santificados".

Em Atos 20.32, Paulo chama os presbíteros de Éfeso e expõe a sua preocupação quanto ao futuro, pois temia que lobos viessem ao seio da igreja, então pede a Deus que os santifique. É interessante notar como o apóstolo se refere aos crentes, sempre os

---

[15] LÉXICO [...], 2010, p. 11.

chamando de santos — veja 1 Co 1.2, "aos santificados em Cristo". A palavra "santos" chama bastante atenção para a posição distinta do povo de Deus. Paulo usa essa palavra para identificar os crentes aos quais ele escrevia[16]; não a qualquer um que se dizia crente, mas aos santos.

Outra menção que o próprio apóstolo Paulo faz à santificação está em 1 Ts 5.23: "O mesmo Deus da paz vos santifique em tudo; e o vosso espírito, alma e corpo sejam conservados íntegros e irrepreensíveis na vinda de nosso Senhor Jesus Cristo". Nesse versículo, Paulo pede por santificação em tudo: corpo, mente e alma. O emprego dessas três palavras enfatiza o caráter de total perfeição. É importante destacar que o espírito e a alma são utilizados como sinônimos na Bíblia para designar o elemento espiritual de uma pessoa[17].

No Novo Testamento, a palavra para descrever "santificação" é αγιασμός (*agiasmós*), ocorrendo por dez vezes[18]. Seu significado é "santidade, santificação, consagração, outorgada por Deus (através de) em Cristo"[19]. Também traz o sentido de "separado, separação" de tudo que é impuro no crente em Jesus Cristo, obra esta que é realizada pelo Espírito Santo.

Assim, αγιασμός (*agiasmós*) traz a ideia da obra santificadora. Entretanto outros derivados dessa mesma raiz, αγιος (santo), relatam o processo de santificação na vida do ser humano e descrevem o resultado desse processo, como αγιότης (1 Co 1.30; Hb 12. 10) e αγιωσύνη (Rm 1.4; 2 Co 7.1; 1 Ts 3.13). Essas palavras "mostram que a qualidade da santidade ou de estar livre da corrupção e impureza é essencial para Deus, foi demonstrada por Cristo, e é dada aos cristãos"[20]. Com isso, vemos que a exigência

---

[16] BÍBLIA [...], 1999, comentário da p. 1.346.
[17] *Ibidem*, comentário da p. 1.435.
[18] BERKHOF, 2012. p. 486.
[19] LÉXICO [...], 2010, p. 10.
[20] BERKHOF, 2012, p. 486.

quanto à santificação no Novo Testamento está sempre voltada para o homem, pois é o seu papel e dever nesta vida.

Cristo, com seu sacrifício, oferece ao homem a oportunidade de ser santo. Em 1 Pedro 1.15, há um chamado para que os cristãos sejam santos, quando Pedro diz que, assim como "é santo aquele que vos chamou, tornai-vos santos também vós mesmos em todo o procedimento".

*Para Calvino, o maior segredo da santidade
é a obra que o Espírito Santo faz em nosso interior.
E a maior obra do Espírito é nos colocar em união com Cristo.*

(João Calvino)

4

SANTIFICAÇÃO X SOBERANIA

Mesmo antes da Queda, apesar de o ser humano ainda ser perfeito, já havia santificação no Éden, tendo em vista que Deus fez homem e mulher para se relacionarem com eles, a humanidade.

No entanto, Adão e Eva vieram a pecar, sendo necessária uma intervenção divina em forma de uma nova aliança. Essa rebelião contra Deus O leva a colocar em prática o seu plano A: resgatar o ser humano para que volte àquela santidade que outrora existia, derivada da soberania divina.

A soberania divina em relação à santidade passa pela sua integridade transcendente e pela autossuficiência divina. Deus é absolutamente único e autoexistente, não há nada além de Deus, exceto o que Ele deseja criar. Portanto, Deus é um ser absoluto, ou seja, Ele é soberano e exerce a sua soberania sobre todas as coisas. A santidade é, desse modo, fruto da soberania divina. Deus é Santo e requer que os seus adoradores sejam santos, vivam em santidade. Segundo John MacArthur:

> *Santificação* é a operação contínua do Espírito Santo nos crentes, fazendo-nos santos ao conformar nosso caráter, nossas afeições e nosso comportamento à imagem de Cristo. A justificação é um acontecimento único; a santificação é um *processo* contínuo. A justificação nos livra da *culpa* do pecado; a santificação, da *contaminação* do pecado. Como estamos vendo, uma é

parte tão necessária da obra salvadora de Deus quanto a outra.[21]

A soberania de Deus, portanto, está intrínseca no ato da santificação, que o crente só busca quando há uma intervenção divina em sua vida. Dentro da obra salvadora de Deus, está inclusa a busca pela santidade baseada em um agir soberano de Deus no homem, um despertar para a santificação, sem a qual ninguém verá a Deus. Como Lewis Sperry Chafer afirma em sua *Teologia sistemática*: "A soberania de Deus é discernida na absoluta maneira em que as coisas tenham sido criadas. Um Deus Santo que exige santificação em todos os atos humanos"[22].

Para que sejamos aceitos de volta a um relacionamento com Deus, faz-se necessário um cuidado especial por parte do próprio Deus, pois agora o homem não tem mais a mesma capacidade de arbítrio. Se precisar escolher, o homem só o fará para o que é mau, por isso é necessário que o próprio Deus traga a reconciliação.

"Se, porém, andarmos na luz, como ele está na luz, mantemos comunhão uns com os outros, e o sangue de Jesus, seu Filho, nos purifica de todo pecado" (1 Jo 1.7). É desejo de Deus ter um povo santo, comprado pelo sacrifício de seu Filho Jesus na cruz do Calvário. Este é e sempre foi o plano A do Deus Trino.

A ressurreição de Cristo destrói o poder do pecado e traz nova vida, ultrapassando a compreensão do ser humano. Mas, quando pela fé o cristão se apropria de tal benefício, esse fato se torna realidade em sua vida. Foi por meio de Cristo e sua obra vicária, pelo seu amor reconciliador, que foi recuperada para o ser humano a possibilidade de ser semelhante a Deus, ou semelhante a Cristo, sendo, assim, estabelecido o novo conserto e iniciado o novo restabelecimento da imagem de Deus outrora perdida

---

[21] MACARTHUR, J. **A verdade sobre o senhorio de Cristo**: a submissão à autoridade absoluta de Cristo não é uma opção, mas obrigação suprema. São Paulo: Editora Cultura Cristã, 2014. p. 39, grifo do autor.

[22] CHAFER, L. S. **Systematic theology**. Dallas, Texas, USA: Dallas Seminary Press, 1978. v. 1. p. 22.

devido à Queda. "Assim, se alguém está em Cristo nova criatura é: as coisas velhas já passaram; eis que tudo se fez novo" (1 Co 5.17).

Nessa obra da reconciliação, vê-se incluída toda a Trindade: ela é consumada pelo Pai (1 Ts 4.3), com a participação do Filho (Hb 13.12) e do Espírito Santo (Rm 15.16), e assim o plano A é colocado em prática. Uma vez que todo o ser de Deus está ativo em todas as fases da redenção, pela qual a divindade compartilha a sua santidade, foi iniciativa de Deus a vivificação dos seres humanos, e esta se dá na cruz. Paulo diz: "Deus estava com Cristo, reconciliando consigo o mundo" (2 Co 5.19), este é o plano A. O que Deus fez por amor aos pecadores está acima de qualquer inteligência humana, ultrapassou em muito os padrões esperados pelo homem, a ponto de sobrepor a capacidade de compreensão de qualquer pessoa. Como está escrito em 1 Pedro 1.18-19:

> Sabendo que não foi mediante coisas corruptíveis, como prata ou ouro, que fostes resgatados do vosso fútil procedimento que vossos pais vos legaram, mas pelo precioso sangue, como de cordeiro sem defeito e sem mácula, o sangue de Cristo.

Somente pelo sacrifício de Cristo o ser humano tem de volta uma imagem de Deus, que, em Jesus, foi restaurada e redimida. Paulo declara: "Deus estava em Cristo reconciliando consigo o mundo" (2 Co 5.19). Assim, o novo ser reconciliado tem agora comunhão com Deus. Ou seja, na Queda, Adão perdeu a comunhão com Deus, mas não perdeu a sua imagem e semelhança; portanto, essa nova imagem de pessoa redimida é o privilégio de o cristão ter novamente a comunhão com Deus, porque foi reconciliado com Ele.

Quando Jesus ora ao Pai, em sua oração sacerdotal Ele diz: "A fim de que todos sejamos um: e como és tu, ó Pai, em mim, e eu em Ti, também sejam eles em nós, para que o mundo creia que tu me enviaste" (Jo 17.21). Cristo pede ao Pai que haja homogeneidade, para que sejamos um com Ele, da mesma forma que Jesus é um com o Pai, pois Ele mesmo diz: "Eu e o Pai somos um" (Jo 10.30).

Essa é a nova imagem que doravante o cristão possui em Cristo. O novo ser recuperado é aquele que obedece a Seus mandamentos, pratica a justiça e anda em retidão: "E vos revistais do novo homem, criado segundo Deus" (Ef 4.25). Ganhamos nova vida, nova imagem de Cristo em nós. Agora voltamos a experimentar a perfeita paz de Deus e estamos aptos a comunicar-nos com o Pai por meio de Cristo Jesus.

> A ressurreição de Cristo então marcou o começo de uma nova criação [...] com isso, Cristo inaugura uma época preanunciada pelos profetas do Antigo Testamento e funda uma nova humanidade em si mesmo para substituir a velha humanidade em Adão, sua própria ressurreição é uma antecipação e uma garantia de ressurreição que todos os seus irmãos obterão [...]. Jesus Cristo é Senhor do universo que ele criou, que sempre sustentou e que, agora, redimiu.[23]

O motivo de nossa redenção é que Cristo colocou o seu coração em nossa miséria (nossos pecados). Ele foi propício, favorável, nosso substituto. Portanto, "Ele é a propiciação pelos nossos pecados e não somente pelos nossos próprios, mas ainda pelos do mundo inteiro" (Jo 2.2). Com esse ato, Cristo reconciliou as partes alienadas, restaurando um relacionamento rompido; desfez a inimizade entre Deus e o homem e, ainda, dos homens entre si.

Com isso, Cristo abriu um manancial de santificação para o gênero humano, possibilitando um resgate da comunhão perdida no ato de rebelião contra Deus. Foi-nos dada a possibilidade da vitória sobre o pecado e uma vida de santidade dia após dia: "Filhinhos, não vos deixeis enganar por ninguém; aquele que pratica a justiça é justo, assim como ele é justo" (1 Jo 1.7).

Ser reconciliado com Deus em Cristo Jesus é apropriar-se, pela fé, dos benefícios da redenção, e isso nos faz caminhar em santificação. Portanto, a redenção em Cristo é o meio pelo qual a reconciliação ou a harmonia com Jesus se torna realidade na vida do crente.

---

[23] BÍBLIA [...], 1999, p. 1.422.

Santificação é a obra da livre graça de Deus, pela qual somos renovados em todo o nosso ser, segundo a imagem de Deus, habilitados a morrer cada vez mais para o pecado e a viver para a retidão.

(Breve catecismo, pergunta 35)

SANTIFICAÇÃO ANTES E DEPOIS DA REFORMA PROTESTANTE

Ao longo da história, observamos que a Igreja se preocupou basicamente com três problemas no que tange à santificação: a relação da graça de Deus com a fé na santificação, a relação da santificação com a justificação e o nível da santificação nesta existência. Quando se recorre à literatura dos chamados Pais da Igreja, é surpreendente a pequena produção acerca da doutrina da santificação.

Agostinho foi o primeiro a desenvolver ideias, até certo ponto, definidas acerca desse tema. Seus pensamentos tiveram grande influência sobre a Igreja da Idade Média. Ele não fazia distinção entre a justificação e a santificação, além de incluir a segunda na primeira. Ele pensava na santificação como uma nova comunicação da vida divina, uma nova energia infusa, operando exclusivamente dentro dos limites da Igreja e mediante os sacramentos. Desse modo, seu pensamento caminha para uma tendência metafísica da graça de Deus na santificação.

O pensamento de Agostinho foi consolidado mediante ação de Tomás de Aquino, que o desenvolveu ao afirmar que a graça é derivação dos méritos de Cristo, sendo, por sua vez, infundida nos crentes por meio dos sacramentos. Contudo, sem sombra de dúvida, o que está agora em jogo é a ação do Espírito Santo como agente da santificação.

Quando se analisa a proclamação da Igreja da Idade Média, pode-se perceber que, como reflexo de todas essas elaborações conceituais, a culpa pelo pecado venial poderia ser removida mediante batismo e eucaristia. Já no caso do pecado moral, somente se tem a remoção deste por meio do sacramento da penitência.

O pensamento sobre santidade da Igreja Grega era envolvido pela visão pelagiana, conforme afirma Berkhof: "A tendência patente da Igreja culminou finalmente no pelagianismo, que negava absolutamente o pecado Original"[24]. Assim, a visão de pecado da teoria pelagiana poderia ser resumida da seguinte maneira:

    a. O homem não sofreu perda real na Queda. Não há pecado original, nem corrupção inerente, nem perda da habilidade ou capacidade de buscar a santidade diária;

    b. O homem pode, nesta vida, render completa obediência à lei pelos seus poderes naturais e pela graça de Cristo;

    c. A graça é a bondade de Deus em dar-nos a habilidade ou a capacidade de obedecê-Lo na vida prática, o exemplo e os preceitos de Cristo e o ambiente e a influência natural da verdade;

    d. O pecado é uma transgressão voluntária de uma lei conhecida;

    e. Deus não pode exigir do homem aquilo que ele não esteja em condições de fazer;

    f. O ser humano pode fazer tudo o que Deus requer e, portanto, pode viver perfeitamente;

---

[24] BERKHOF, 2012, p. 217.

g. Não houve uma Queda real e, para os pelagianos, há uma outra concepção de pecado.

Os reformadores falaram sobre a Doutrina da Santificação valendo-se da antítese entre redenção e pecado. Nesse sentido, rompe-se com o pensamento pelagiano, pois a Doutrina da Santificação não mais é confundida ou associada com a Doutrina da Justificação. No período da Reforma Protestante, a Doutrina da Santificação ganha uma distinção clara. Enquanto a justificação é entendida como um ato legal da graça divina, afetando a posição judicial do homem, a santificação é vista como uma obra moral ou recriadora, mudando a natureza interior do homem. Isso não quer dizer que há, agora, uma separação entre justificação e santificação; pelo contrário, os reformadores afirmavam a inseparável conexão entre essas duas doutrinas.

Assim, de acordo com os reformadores, o homem é justificado somente pela fé, e esta é seguida de santificação. Nesse sentido, a santificação não era considerada uma essência sobrenatural infundida no homem por meio dos sacramentos como um processo, mas, sim, uma sobrenatural e graciosa obra do Espírito Santo.

Por último, os reformadores criam também que Deus envia seu Espírito Santo ao coração dos que lhe pertencem. Esse Espírito, portanto, é o Espírito santificador. Assim, a santificação é um ato sobrenatural e soberano de Deus operando em nós mediante a ação do Espírito Santo.

Para Calvino, a santificação tem como base as Escrituras Sagradas, pois nelas encontram-se os fundamentos para a conduta cristã. Um dos pontos básicos referentes à vida do eleito é que este não possui em si nenhuma habilidade inata para o exercício da santificação. É mediante a renovação do Espírito que os salvos podem conduzir suas respectivas vidas de maneira verdadeiramente aceitável diante de Deus. Para eliminar qualquer dúvida, essa vida aceitável diante de Deus é resultado da ação do Espírito Santo, ação essa que é totalmente soberana de um Deus amoroso.

Diante desse postulado, fica evidente que a vida do homem é restaurada mediante a ação renovadora do Espírito Santo. E, nesse sentido, somente os eleitos podem ser conduzidos nesse padrão de santificação que o próprio Deus estabeleceu. Assim, o argumento que valida esse princípio está calcado nas Sagradas Escrituras, pois somente os escolhidos contam com a habitação do Espírito Santo em sua vida (1 Co 6.19-20). Essa verdade bíblica conduz à definição de que santificação é uma obra interna do Espírito Santo, conforme descrito pelo apóstolo Paulo aos Tessalonicenses (1 Ts 5.23-24; 2 Ts 2.13).

As institutas de Calvino[25] definem que a regeneração se dá mediante a iluminação do Espírito Santo, conforme Paulo afirma: "Entretanto, devemos sempre dar graças a Deus por vós, irmãos amados pelo Senhor, porque Deus vos escolheu desde o princípio para a salvação, pela santificação do Espírito e fé na verdade" (2 Ts 2.13). Nesse sentido, podemos destacar três ênfases para um melhor entendimento sobre a questão da santificação.

1. A mortificação do velho homem e a vivificação do novo homem. Calvino afirma, em *As institutas da religião cristã*[26], que:

> É ele [o arrependimento] conversão de nossa vida a Deus, procedente de um sincero e real temor a Deus, que consiste na mortificação da nossa carne e do velho homem e da vivificação do Espírito. Primeiro, quando somos chamados de volta à vida para com Deus, requeremos uma transformação não apenas nas obras exteriores, mas até na própria alma, a qual, quando se haja despojada de sua velha natureza, então, afinal de si produza os frutos de obras correspondentes à sua renovação. Ez 18. 31.

---

[25] CALVINO, J. **A instituição da religião cristã**. São Paulo: Ed. Unesp, 2009. t. 1-2. t. 2. Livro 3. p. 68-94.
[26] *Ibidem*, p. 92-93.

Nesse trecho, vê-se o sentido escriturístico do ato de Deus em remover gradativamente as contaminações e a corrupção que resultam do pecado na vida do eleito (Rm 6.6; Gl 5.24). A partir dessa primeira ação de Deus, tem-se o desenvolvimento do segundo ato divino na vida do homem, a vivificação, pela qual a disposição santa da alma é fortalecida. Assim, a velha estrutura do pecado é, aos poucos, posta abaixo e uma nova estrutura é erguida em seu lugar (Rm 6. 4,3,11; Gl 2.19; Cl 2.12; 3.1-2).

2. O juízo de Deus.

Citando Calvino mais uma vez, acerca do juízo divino, ele diz:

> Que Deus haverá de subir, um dia, a seu tribunal, a fim de exigir a razão de todas as palavras e feitos, não permitirá que descanse o mísero ser humano, nem respire um instante, sem o argui-lo constantemente a meditar outro modo de vida em que possa estar em segurança diante desse juízo. Jr 4.4; At 17.30-31.[27]

3. A mortificação da carne e a vivificação do Espírito.

Segundo o pensamento de Calvino, a mortificação da carne e a vivificação do Espírito consistem em o homem desistir do mal e fazer o bem. Essa ação, mediada pelo Espírito Santo, envolve tanto a ressurreição com Cristo (Rm 6.4; Cl 2.12, 3.1-2) quanto o viver para Deus (Rm 6.11; Gl 2.12).

Vale observar, contudo, que ainda somos imperfeitos nesta vida. O *Breve Catecismo* Maior de Westiminster[28] (2018) assim informa:

> Pergunta 149: Será alguém capaz de guardar perfeitamente os mandamentos de Deus?
>
> R: Nenhum mero homem, desde a queda de Adão, é capaz, nesta vida, de guardar perfeitamente

---

[27] CALVINO, J. **A instituição da religião cristã**. São Paulo: Ed. Unesp, 2009. t. 1-2. t. 2. Livro 3. p. 50.
[28] **O catecismo Maior de Westiminster**. São Paulo: Cultura Cristã, 2013. p. 205.

os mandamentos de Deus, mas diariamente os quebra por pensamentos, palavras e obras.

Há, portanto, uma luta constante entre as duas naturezas, entre o velho e o novo homem. "Se dissermos que não temos pecado, enganamo-nos a nós mesmos, e não há verdade em nós. Se dissermos que não pecamos, fazemo-lo mentiroso, e a sua palavra não está em nós" (1 Jo 1.8-10). Assim, a oração de cada crente deveria ser: "tem compaixão de mim, porque sou pecador" (Lc 18.13).

Mas o que é pecado, afinal? Toda injustiça é pecado. Como afirma o *Catecismo Maior de Westiminster*:

> Pergunta 24: Que é pecado?
>
> R: Pecado é qualquer falta de conformidade com a lei de Deus, ou qualquer transgressão desta lei. Portanto, temos as seguintes implicações: A queda destruiu a "habilidade" do homem, mas não sua "obrigação". A lei de Deus é absolutamente perfeita e requer a perfeição e não pode ser, de modo algum, diminuída ou rebaixada, *"Sede vós, pois, perfeitos como é perfeito o vosso Pai que está nos céus"* (Mt 5.28, grifo do autor).

Ou seja, o dever prático da busca pela santidade diária não desencoraja o esforço, porém luta pela santificação (Hb 12.14). Assim, a santificação dá-se por meio de um processo (Fp 3.12-14; Hb 12. 1-2; Jó 9.20).

*A batalha é quase sempre ganha na mente.
É pela renovação de nossa mente que nosso caráter e comportamento se transformam.*

(John Stott)

6

IMPLICAÇÕES DA SANTIFICAÇÃO

Como dito, a eleição é um ato da graça de Deus em sua decisão soberana. "Eleger é escolher, e eleição é, portanto, a escolha de Deus de quem será salvo"[29]. Vamos, então, refletir de forma um pouco mais aprofundada sobre as pessoas que foram eleitas e agora estão caminhando para o alvo, buscando a santificação, conforme Hebreus 12.14: "Segui a paz com todos e a santificação, sem a qual ninguém verá o Senhor".

Mais adiante, falaremos sobre por que pecamos. Se os cristãos foram chamados para serem santos, de quem é a culpa pelo pecado? Pecamos pela nossa própria vontade ou nosso pecado já está predestinado? Diante dessas questões, quem é o culpado: o ser humano ou Deus?

A *Confissão de fé de Westminster*[30] (2019), no capítulo 9, apresenta uma definição sobre esse assunto: "Deus dotou a vontade do homem de tal liberdade que ele nem é forçado para o bem ou para o mal, nem a isso é determinado por qualquer necessidade absoluta da sua natureza".

Temos, assim, uma luz sobre essa questão:

> A visão reformada segue os pensamentos de Agostinho, ele elucida o estado de Adão antes da queda e o estado da humanidade depois da queda. Antes da queda foram concedidas a Adão duas possibilidades: Ele tinha a capacidade e a inca-

---

[29] MCGREGOR; WRIGTH, 1998, p. 129.
[30] A CONFISSÃO DE FÉ DE WESTMINSTER. São Paulo: Cultura Cristã, 2019. p. 52.

pacidade para não pecar. A ideia de incapacidade para não pecar é um pouco confusa, porque, em nossa língua, é uma dupla negativa. A fórmula latina de Agostinho era *non posse non peccare*. Colocado de outra maneira, significa que, depois da queda, o homem era moralmente incapaz de viver sem pecar e isso foi perdido na queda.[31]

Para um melhor entendimento, observe o quadro a seguir:

Quadro 1 – Comparação da condição do homem

O Homem Antes da Queda	O Homem Depois da Queda	O Homem Regenerado	O Homem Glorificado
Capaz de pecar	Capaz de pecar	Capaz de pecar	
Capaz de não pecar		Capaz de não pecar	Capaz de não pecar
	Incapaz de não pecar	Incapaz de não pecar	
			Incapaz de pecar
Vida Eterna	Morte Espiritual Morte Física	Morte Física	Vida Eterna

Fonte: o autor

Apesar de o ser humano ter caído, Deus providenciou um meio pelo qual a humanidade fosse salva, "Ele vos deu vida, estando vós mortos nos vossos delitos e pecados" (Ef.2.1) — este era o Plano A do Deus Trino. Com essa declaração do apóstolo Paulo, podemos entender que, agora, os cristãos são novas criaturas, regeneradas em Cristo Jesus para toda boa obra, e, se são regenerados em Cristo, hoje têm vida, como o próprio Jesus afirmou: "O ladrão vem somente para matar, roubar e destruir; eu vim para que tenham vida e a tenham em abundância" (Jo 10.10). Por isso, pode-se afirmar, com toda segurança, que os

---
[31] SPROUL.R, 1998, p. 57-58.

cristãos não são mais escravos do pecado, mas, uma vez salvos por Cristo, passam a ser servos, libertos do pecado, e este já não exerce mais o domínio sobre a vida dos crentes.

Diante dessa mudança, os salvos em Cristo Jesus começam a dar alguns passos diferentes, que recebem o nome de santificação. "Se, pois, o filho vos libertar, verdadeiramente sereis livres" (Jo 8.36). Quando o Espírito Santo liberta as pessoas, elas recebem uma nova vida e um novo modo de viver, pois foi para a liberdade que Cristo as libertou (Gl 5.1).

No mesmo capítulo 9 da *Confissão de fé de Westminster*, no item 4, encontramos a seguinte declaração:

> Quando Deus converte um pecador e o transfere para o estado de graça, ele o liberta da sua natural escravidão ao pecado e, somente por sua graça, o habilita a querer fazer com toda liberdade o que é espiritualmente bom, mas isso de tal modo que, por causa da corrupção, ainda existente, o pecador não faz o bem perfeitamente, nem deseja somente o que é bom, mas também o que é mau.

Diante de uma declaração como essa, pode-se afirmar: os cristãos são livres, e o pecado já não tem mais poder sobre os libertos. Podemos concluir, então, que os salvos têm de volta a vida eterna, pois o Espírito Santo de Deus agora habita neles, por isso são capazes de, daí em diante, vencer o pecado que tenazmente os assedia. De maneira nenhuma o ser humano poderá continuar cometendo pecados e colocando a culpa em Satanás ou até dizer que essa era vontade do Senhor. Deus não é autor do pecado, muito pelo contrário, Ele tem aversão ao pecado; uma prova disso é que, após a Queda, Deus envia seu Filho como resgate, livrando, então, os seus filhos do pecado. "Ela dará à luz um filho e lhe porás o nome de Jesus, porque ele salvará o seu povo dos pecados deles" (Mt 1.21); este é o Plano A de Deus.

É essa união que Cristo estabeleceu com seu povo que dá o poder para vencermos o pecado. Aquele que foi morto e ressurgiu com Cristo é liberto do pecado, tornando-se nova criatura, e o pecado não mais exercerá domínio sobre esse indivíduo. O teólogo Amos R. Binney diz:

> Posto que o ser humano tenha caído e esteja lamentavelmente depravado, de modo que há na sua natureza uma forte tendência para o pecado, todavia ele ainda retém o atributo divino da liberdade. Em toda a opção de natureza moral, tem ele liberdade de agir como lhe parece. Nenhum decreto de Deus, nenhuma combinação de elementos na sua constituição, controla o caráter em sua ação moral. O auxílio do Espírito Santo é somente gracioso e somente persuasivo, e não obrigatório.[32]

O ser humano é responsável pelo pecado em suas mãos, porque, se a responsabilidade não é do homem, de quem será a culpa então? Se tomarmos como pressuposto que já estava determinado que o ser humano deveria pecar, onde fica a liberdade que Cristo veio trazer? Porque, como diz em Romanos 6.14, "o pecado não terá domínio sobre vós".

É necessário compreender a diferença entre santificação e santo. A santificação é um caminho e, como dito, só se completará na glória. Assim, o ser humano ainda peca nesta terra e é responsável pelos seus próprios pecados, pois, mesmo regenerado em Cristo Jesus, ainda possui sua natureza contaminada.

O ser humano, portanto, tem a responsabilidade e a necessidade de confessar sempre diante de Deus os seus erros (pecados): "Se confessarmos os nossos pecados, ele é fiel e justo, para nos perdoar os pecados e nos purificar de toda injustiça" (1Jo 1.9).

Desse modo, fica claro o que o ser humano é capaz de fazer no que tange ao pecado, e concluímos que a responsabilidade por seus atos é totalmente dele.

---

[32] BINNEY, A. R. **Compêndio de teologia**. Campinas: Ed. Nazarena Campinas, 1980. p. 97.

A dolorosa tesoura de podar está em mãos seguras.

(John Stott)

7
O QUE DEUS FAZ A RESPEITO DA SANTIFICAÇÃO

O capítulo anterior tratou sobre o que o ser humano é capaz de fazer. Agora, trabalharemos, com a mesma ênfase, sobre o que Deus faz, pois Ele nunca determina que alguém deve pecar. O apóstolo João relata, na sua primeira epístola, que Jesus se manifestou exatamente para eliminar a possibilidade de alguém querer lançar sobre Deus essa culpa.

Seria uma grande heresia afirmar que é Deus quem determina o pecado na vida das pessoas. Há homens e mulheres prostituindo-se, adulterando, roubando, mentindo ou praticando qualquer outra falta de conformidade com a lei do Senhor e simplesmente dizendo: "Deus quis assim". Se isso fosse verdade, haveria somente um culpado pelo pecado: o próprio Deus, que seria, dessa forma, o único responsável por toda e qualquer maldade em nossa vida. Como disse Berkhof:

> Não se pode considerar Deus como o seu autor [do pecado]. O decreto eterno de Deus evidentemente deu a certeza da entrada do pecado no mundo, mas não se pode interpretar isso de modo que faça de Deus a causa do pecado no sentido de ser Ele o seu autor e responsável. Essa ideia é claramente excluída pelas Sagradas Escrituras.[33]

---
[33] BERKHOF, 2019, p. 204.

"Longe de Deus praticar ele a perversidade, e do todo-poderoso o cometer injustiça" Jó 34.10.[34]

Assim, não resta nenhuma dúvida de que Deus não é o autor do pecado, pois n'Ele não há falta de retidão. "Eis a Rocha! Suas obras são perfeitas, porque todos os seus caminhos são juízo; Deus é fidelidade, e não há nele injustiça; é justo e reto" (Dt 32.4). "[...] porque Deus não pode ser tentado pelo mal e ele mesmo a ninguém tenta" (Tg 1.13b).

Tomando tais verdades como base, é evidente que Deus não foi o criador do pecado nem deseja que o ser humano peque. Pelo contrário, a Sua natureza é santa e, em toda a Bíblia, Ele pede que Seu povo também seja santo como Ele. Um texto que relata bem essa premissa é o de Levítico 11.45: "portanto, vós sereis santos, porque eu sou santo".

Essa é a principal conduta de Deus, e o Seu desejo para os Seus filhos. Ou seja, se fosse Deus quem determinasse que o ser humano pecaria, Ele iria contra Seu próprio atributo de santidade. O profeta Habacuque diz que Deus tem seus olhos tão puros que não pode ver o mal (Hc 1.13). É a própria Palavra de Deus que afirma que Ele jamais criou o pecado. Diante desses argumentos, concluímos que a prática do pecado está sob a responsabilidade somente dos seres humanos.

Se fosse Deus o criador do pecado, Ele não poderia cobrar santidade do homem, pois Ele mesmo consentiu que agissem assim. Contudo a Palavra de Deus diz: "Mas a vossa iniquidade faz separação entre vós e o vosso Deus" (Is 59.2).

Na *Confissão de fé de Westminster*, o item 1 do capítulo 3, que relata sobre os decretos de Deus, diz-se:

> Desde toda a eternidade, Deus, pelo muito sábio e santo conselho da sua própria vontade, ordenou livre e inalteravelmente tudo quanto acontece, porém de modo que nem Deus é ao autor do

---

[34] BÍBLIA DE ESTUDO DE GENEBRA. São Paulo: Cultura Cristã, Sociedade Bíblica do Brasil, 1999. p. 604.

pecado, nem violentada é a vontade da criatura, nem é tirada a liberdade ou contingência das causas secundárias, antes estabelecidas.

A vontade humana é sempre respeitada por Deus, que não força a criatura a nada. Diante dessa declaração da *Confissão de fé*, pode-se ver que Deus é soberano, porém, mesmo em Sua soberania, sabendo que o ser humano pecaria, Ele não decretou nada a esse respeito. Deus, pela Sua eterna sabedoria, conhece o futuro da humanidade, mas Ele não decretou que os seres humanos deveriam pecar.

Portanto, é evidente que Deus tem aversão a todo ato contrário a Sua vontade praticado pelos Seus filhos. Se for levada em conta, no Antigo Testamento, a caminhada do povo de Israel, sempre que eles cometiam pecados, eram castigados: ou perdiam guerras, ou a pessoa que cometia o pecado era punida, como no caso de Acã.

Não podemos deixar de analisar que, mesmo quando o culpado pelo pecado era apenas uma pessoa, o indivíduo fazia parte de um corpo (o povo de Israel). Por isso, pela desobediência de Acã, primeiro, todo o povo sofreu, depois, então, o Senhor decretou o castigo sobre Acã, ele e, juntamente a ele, sua família.

Diante disso, poderia surgir a questão: o que a família tinha a ver com o pecado de Acã? Ao ler o texto bíblico que relata esse ocorrido, percebe-se que a família de Acã não teve relação com o ato em si, mas Acã, como chefe de família, tinha toda a responsabilidade sobre sua casa; a culpa pela morte dos seus familiares não é, de maneira nenhuma, de Deus, mas somente do próprio Acã, que sabia o que Deus queria, e não fez como ordenado por Ele.

Perceba que Deus não determina nem pode ser culpado pelos pecados cometidos. Por isso, Deus está livre de qualquer acusação de qualquer indivíduo que venha culpá-lo como o autor do pecado.

Deus criou o homem para relacionar-se com Ele. O pecado cometido pelo homem separa-o do Criador, quebrando a intimidade santa e rompendo o laço de santidade. "O pecado é qualquer falta de conformidade com a lei de Deus, ou qualquer transgressão dessa lei", conforme afirma o *Breve catecismo*, em sua resposta à pergunta 14. É possível notar que o pecado só existe em uma relação com Deus; fora disso, o pecado torna-se nulo, pois não existe pecado que não seja contra Deus.

Sem sombra de dúvida, Deus sabe como e quando uma pessoa cometerá alguma transgressão, mas é certo também que Ele punirá cada ato pecaminoso do ser humano. Essas punições se constituem em um fator de elevada importância para que se compreenda até que ponto vai a soberania divina e a vontade humana.

Existem, sim, duas possibilidades, que são inseparáveis e verdadeiras: 1) pecado só existe em uma relação com Deus e 2) não há pecado que não seja contra Deus, pois Deus é soberano sobre todos os acontecimentos, mesmo sobre o menor de todos. O evangelista Mateus diz que: "não se vendem dois pardais por um asse? E nenhum deles cairá em terra sem o consentimento de vosso Pai" (Mt 10.29). Por outro lado, as Sagradas Escrituras também relatam que o ser humano terá de prestar contas de todos os seus atos diante de Deus: "porque importa que todos nós compareçamos perante o tribunal de Cristo para que cada um receba segundo o bem ou mal que tiver feito por meio do corpo" (2 Co 5.10).

Após algumas considerações sobre esse assunto, será possível chegar a um denominador comum? Será que existe um paradoxo entre a soberania de Deus e a liberdade da criatura? Será que os seres humanos são livres e agentes morais responsáveis pelos seus atos individuais? Se Deus é soberano e determina tudo na vida das pessoas, como será o dia do Juízo Final?

Diante de tais questões, poderíamos afirmar que as coisas encobertas pertencem a Deus, como está escrito em Deuteronômio 29.29. De fato, esse seria um bom escape para as perguntas tão relevantes levantadas nas linhas anteriores; contudo, não responder a elas seria uma falta de consideração com o leitor. À luz da Sagrada Escritura, o objetivo das páginas seguintes será buscar uma explicação para esses questionamentos.

Para começar a respondê-los, vale destacar que o livre-arbítrio do ser humano desapareceu com o pecado. O homem perdeu a liberdade que Deus lhe havia dado, mas Deus não o deixou em seu estado de miséria, pelo contrário: providenciou um meio de redenção desse ser agora caído, fazendo um segundo pacto, pois o primeiro fora quebrado.

O homem tornou-se, pela Queda, incapaz de ter vida por meio do primeiro pacto, por isso o Senhor estabeleceu um segundo, geralmente chamado de Pacto da Graça. Nesse novo pacto, Deus livremente oferece aos pecadores a vida e a salvação por intermédio de Jesus Cristo, exigindo deles a fé em Seu Filho para que sejam salvos, e promete dar a todos os que foram ordenados para a vida o seu Santo Espírito, para dispô-los e habilitá-los a crer[35].

Desde a criação do homem no Jardim do Éden até nossos dias, temos sempre desobedecido aos mandamentos de Deus e Ele vem estabelecendo pactos conosco. Prova maior de graça é a primeira profecia: "Porei inimizade entre ti e a mulher, entre a tua descendência e o seu descendente. Este te ferirá a cabeça, e tu lhe ferirás o calcanhar" (Gn 3.15). Após o ser criado ter LHE desobedecido, comendo o fruto que Ele ordenou que não comesse, Deus faz esse primeiro pacto, prometendo que um descendente da mulher venceria a serpente, esmagando-lhe a cabeça.

> Na carta de Paulo aos Romanos, ele afirma que toda humanidade está por natureza sob a culpa do pecado, sob o reino da morte e sob a inescapável ira de Deus (Rm 1.18-19; 3.9,19; 5.17,21). Ele relaciona a origem desse estado ao pecado de um homem — Adão —, que ele descreve como nosso primeiro ancestral comum [...]. Adão, levado por Eva — que por sua vez é induzida pela serpente

---

[35] A CONFISSÃO de fé de Westminster. São Paulo: Cultura Cristã, 2019. Item 3. Capítulo 7. p. 59.

(satanás disfarçado — 2 Co 11.3-14; Ap 12. 29) — afrontou a Deus comendo do fruto proibido [...]. Ao mesmo tempo, contudo, Deus começou a mostrar-lhes que, um dia, a semente da mulher esmagaria a cabeça da serpente. Essa promessa prenunciou Cristo.[36]

Jesus, o Unigênito do Pai, é aquele que padeceria a morte de cruz para dar àqueles que Deus elegeu a vida eterna e liberdade. Cristo é, então, o Libertador, que veio restaurar a liberdade perdida no Éden, pois, após a Queda, a única escolha para o homem era o pecado. Com a promessa da restauração do pecador por meio de Jesus, foi cumprida a promessa do Pai, e aquela comunhão outrora quebrada foi restaurada; assim, é possível voltar a viver em união com Deus.

Antes, Deus e a criatura viviam em perfeita comunhão. Depois, ao entrar o pecado no mundo por meio do homem, surgiu um abismo entre a criatura e Deus. Cristo cumpre todo o plano redentor de Deus e restabelece no ser humano aquela liberdade de pecar ou não e, da mesma forma, estabelece também a condenação pelo ato pecaminoso.

Diante disso, uma dúvida retorna: há um paradoxo entre a soberania divina e a liberdade do ser humano? De maneira nenhuma. Não existe contraste nenhum, uma vez que, com a liberdade restituída, o homem é livre para agir, porque Deus tornou isso novamente possível por meio de sua soberania. Esse é o único fator capaz de destruir o pecado. A santidade de Deus é o antídoto contra o pecado.

A atuação de Deus nunca violentou a vontade humana e nunca a violentará. O homem é o único responsável por seus pecados, e cada um particularmente prestará contas diante de Deus pelos seus atos. O pecado já está condenado, pois Cristo o condenou. Conforme afirmou o escritor aos hebreus: "agora, porém, ao se cumprirem os tempos, se manifestou uma vez

---

[36] Comentário em: BÍBLIA [...], 1999, p. 13.

por todas, para aniquilar pelo sacrifício de si mesmo o pecado" (Hb 9.26).

O autor da carta aos Hebreus relata que Cristo se fez carne para aniquilar o pecado, e, com a sua morte e ressurreição, vencendo a morte, somos justificados, tendo novamente um relacionamento com o Senhor. Outro que fala da redenção é o apóstolo Paulo: "E o Deus da paz em breve esmagará debaixo dos vossos pés a Satanás" (Rm 16.20). Há, portanto, um novo pacto, pois Deus providenciou o pacto da graça para remissão da raça humana.

Isso posto, é possível, então, avançar para outro questionamento: os seres humanos são livres e agentes morais responsáveis pelos seus atos? Com certeza, pois, se restituída foi ao homem a liberdade em Cristo, as pessoas têm o poder de serem responsáveis por seus atos e ações. Paulo relata tal fato claramente em Gálatas 5.17-21, em que insta todos os cristãos a andarem vigilantes e tomarem cuidado com algumas obras da carne.

O termo "carne" é usado em pelo menos três sentidos pelo apóstolo Paulo. Primeiro, de forma mais geral, "carne" refere-se ao que é humano. Segundo, refere-se ao corpo físico, em um sentido mais específico, principalmente quando aparece em oposição ao Espírito. Terceiro, refere-se à natureza pecaminosa, que envolve também mente e alma[37].

Portanto, as obras da carne são tudo que se opõe ao Espírito Santo, fruto do pecado. Mas Paulo relata também a vitória do cristão: "Porque o pecado não mais terá domínio sobre vós; pois não estais debaixo da lei, e sim da graça" (Rm 6.14).

Se assim procedem as pessoas renascidas em Cristo, como não serão responsáveis pelos próprios atos, como não serão agentes morais, se possuem livre consciência do certo e do errado? O pecado é real, mas também foi subjugado por Deus em Cristo Jesus, portanto não podemos atribuir nossos pecados nem a Deus nem mesmo ao Diabo, dizendo que fomos tentados a tal ato.

---

[37] BÍBLIA [...], 1999, p. 1.396.

Vale enfatizar, contudo, que Deus é livre e age como quer, onde quer e a Seu tempo, mas sempre está atento à vontade dos seres humanos. Deus não fez robôs.

Não devemos preservar nossa santidade fugindo do mundo nem sacrificá-la nos conformando a ele.

(John Stott)

8

COMO SE DÁ O PROCESSO DA SANTIFICAÇÃO

A santificação traz algumas implicações ao ser humano. Tratamos, nos últimos capítulos, sobre as dificuldades implícitas no processo de santificação, em que está a responsabilidade de cada um — tanto do ser humano quanto de Deus — e como o Pai respeita a vontade de cada ser humano.

Passamos a refletir, agora, no fato de que a santificação é um processo contínuo que permeia toda a existência do ser regenerado por Deus. Como já dissemos e como está na *Confissão de fé*, a santificação nesta vida é imperfeita. Assim, podemos afirmar que "somente no porvir é que atingiremos o ápice da perfeição"[38].

Como acontece, então, esse ato da santificação? O que tal processo implica na vida dos regenerados? Para entender como a santificação ocorre, faz-se necessário saber qual é o papel do Espírito Santo, pois Ele é o principal agente aplicando no ser humano essa graça.

O Espírito Santo e sua obra

Nunca se deu tanta ênfase ao Espírito Santo como atualmente. Há até algumas denominações que acreditam que o Espírito Santo é propriedade sua, chegando por vezes a desassociá-lo da Trindade.

---

[38] BRAGA, 1971, p. 94.

Calvino, que nos deixou uma herança muito coerente acerca da doutrina bíblica, afirma que, se desejamos ter um bom entendimento sobre Deus, é necessário ir aos ensinos escriturísticos[39]. Segundo ele, para termos o conhecimento e o entendimento, é mister que o Espírito Santo nos toque, como fez com os discípulos no caminho de Emaús: "E disseram um ao outro: Porventura, não nos ardia o coração, quando ele, pelo caminho, nos falava, quando nos expunha as Escrituras?" (Lucas 24.32). O Espírito Santo é quem nos vivifica.

A doutrina da salvação, também conhecida como soteriologia, divide-se em dois ramos: a subjetiva (o que Deus faz por nós em Cristo) e a objetiva (o que Deus faz em nós pelo Espírito Santo). Louis Berkhof define-a como:

> [...] a doutrina que trata das bênçãos de Deus ao pecador e seu restabelecimento ao favor divino e à vida de íntima comunhão com Deus. Esta doutrina pressupõe conhecimento de Deus como fonte de vida, do poder e da felicidade da humanidade, e da completa dependência que o homem está de Deus.[40]

É preciso destacar, contudo, que o Espírito Santo não é somente o mediador da redenção, Ele é também o mediador da criação. Outra definição e papel do Espírito Santo, apresentada no livro *Espírito Santo, o Deus que vive em nós*, é a de que Ele é o supremo edificador, agindo na perspectiva da promoção da unidade desde a dimensão da matéria física, da qual é o sustentador, até a vinda de Cristo para buscar a sua Igreja, da qual é o unificador[41].

Dentro da economia trinitária, cada um desempenha o seu papel. Abordaremos aqui dois papéis de extrema importância na vida do regenerado e que são de atuação do Espírito Santo, a justificação e a santificação, que, além de serem muito parecidas,

---

[39] CALVINO, J. A Instituição da Religião Cristã. Tomo II. São Paulo: Ed. UNESP, 2009. p. 43.
[40] BERKHOF, 2012, p. 383.
[41] FÁBIO. Caio, Fábio D'araujo Filho; Editora: Semear, São Paulo, 2019, p. 19.

dependem uma da outra. A justificação só se completa com a santificação, e a santificação só dá vida àquele que foi justificado.

Apesar de serem processos parecidos, são papéis da redenção que devem ser analisados de forma separada. Por isso abordaremos, a seguir, a justificação, por ser esta de exclusiva responsabilidade do Espírito Santo; e, depois, a santificação, pois há uma participação do ser humano nesta tarefa.

Portanto, o que se afirma é que, fora do Espírito Santo, jamais poderá haver santificação, pois Ele é quem atua no ser humano para santificá-lo. Fora da ação do Espírito Santo, não há como o pecador deixar a obra da carne e prosseguir para o alvo, que é a santificação. *A santificação é um processo, cujo autor é Deus, mas do qual o ser humano participa ativamente.* É um processo pelo qual o pecador regenerado vai progredindo em conhecimento espiritual e em santidade, mas cuja perfeição nunca atingirá nesta vida[42]. O aperfeiçoamento final do ser humano será feito por um ato de Deus, na glorificação. Hoje, vivemos "o já, mas ainda não", em que o reino de Deus já chegou, mas a perfeição ainda não, uma vez que só será plena na segunda vinda de Cristo.

A Bíblia descreve a santificação como uma obra sobrenatural de Deus. É o resultado da nossa união vital com Cristo. Ao contrário da justificação, a santificação acontece dentro do pecador justificado, no íntimo do ser humano, por meio da operação maravilhosa do Espírito Santo. A santificação é a mortificação do velho homem, é fazer morrer a corrupção da velha natureza pecaminosa, como está escrito em Romanos 6.6: "Sabendo isto: que foi crucificado com ele o nosso velho homem, para que o corpo do pecado seja destruído, e não sirvamos o pecado como escravo". Com isso, Paulo diz que agora nasce um novo ser vivificado em Cristo Jesus; esse novo ser cresce, frutifica — produzindo boas obras — e aperfeiçoa-se em direção à estatura de Cristo.

Ainda no capítulo 6 da carta aos Romanos, agora no versículo 11, o apóstolo Paulo diz: "Assim também vós considerai-vos

---

[42] BRAGA, 1971, p. 94.

mortos para o pecado, mas vivos para Deus, em Cristo Jesus". Sim, é Deus quem é o autor da santificação, mas o ser humano coopera, socorrido pela graça de Deus; assim, é um ato soberano de Deus em favor do ser humano.

No livro de Miquéias, no capítulo 6, versículo 8, o profeta pede ao povo que ande em justiça, misericórdia e humildade, que são frutos da santificação: "Ele te declarou, ó homem, o que é bom e que é o que o SENHOR pede de ti: que pratiques a justiça, e ames a misericórdia, e andes humildemente com o teu Deus". Sobre esses mesmos frutos, o apóstolo Paulo vai dizer que são produzidos no andar em espírito, conforme se vê em Gálatas 5.22: "Mas o fruto do Espírito é: amor, alegria, paz, longanimidade, benignidade, bondade, fidelidade".

"Santificação" é um termo presente em toda a Bíblia. Levítico 20.7-8, por exemplo, fala da ação divina e da ação humana: "Portanto, santificai-vos e sede santos, pois eu sou o Senhor, vosso Deus. Guardai os meus estatutos e cumpri-os. Eu sou o Senhor, que vos santifico".

Entre tantos outros encontrados nas Escrituras Sagradas, um texto que deixa clara a soberania de Deus em sua vontade de santificar-nos é: "Pois esta é a vontade de Deus: a vossa santificação" (1 Tessalonicenses 4.3). Referindo-se à ação humana, a vontade de Deus é esta: que tenhamos uma vida de santificação, abstendo-nos do que é errado, do que desagrada a Deus, porque Ele é santo e requer de nós santidade.

Ainda no texto de 1 Tessalonicenses 4, o apóstolo Paulo apresenta a ação de Deus e a do ser humano. Por exemplo, no versículo 7, ele fala sobre a ação de Deus: "Deus não nos chamou para a impureza, e sim para a santificação". Já no versículo 8, ele complementa que quem não quiser viver em santificação estará rejeitando a Deus, porque é Ele quem nos dá "o seu Espírito Santo".

Deus santifica o pecador regenerado e justificado pela fé em Cristo Jesus. Nessa ação divina, Ele dá ao pecador justificado vitória sobre o pecado. Somos separados agora de tudo o que é mau, para vivermos para Deus e, assim, participar de Sua santidade. É por meio da santificação que Deus nos torna, aos poucos, participantes da Sua santidade, conforme é relatado no livro aos Hebreus, no capítulo 12, versículo 10: "Deus, porém, nos disciplina para aproveitamento, a fim de sermos participantes da sua santidade".

A santificação capacita-nos a receber as bênçãos de Deus de forma mais abundante. Sempre que o povo de Israel se esquecia de buscar a santificação, ele era derrotado e recebia uma ordem para santificar-se: "Santificai-vos, porque amanhã o Senhor fará maravilhas no meio de vós" (Josué 3.5). Deus concedia-lhes vitória quando O buscavam. O Senhor sempre pedia vidas consagradas e dedicadas a Ele. Em Levítico 11.45, Deus pede santidade de vida: "Sede santos, porque eu sou Santo". No Novo Testamento, na primeira carta de Pedro, no capítulo 1, versículo 16, há o mesmo pedido: "porque escrito está: Sede santos, porque eu sou santo".

Temos, nas Escrituras Sagradas, que a santificação cria condições para experimentarmos de maneira extraordinária o poder de Deus. A santificação é um passo que nos capacita aos poucos a um serviço proveitoso, fazendo-nos instrumentos úteis nas mãos de Deus. Aquilo que outrora era normal para a natureza pecaminosa, carnal — ou seja, o velho homem —, é agora substituído por desejos que somente um novo ser pode experimentar. O fruto do Espírito é oposto à carne, conforme o apóstolo Paulo diz ao escrever aos crentes da Galácia: "Porque a carne milita contra o espírito e o espírito contra a carne, porque são opostos entre si" (Gálatas 5.17).

É obra do Espírito Santo renovar, na mente do pecador regenerado, um pensamento como Cristo deseja. Portanto, é Ele também quem cria e capacita o cristão a ter doravante um caráter reto. A obra do Espírito Santo é glorificar a Jesus Cristo, mostrando aos seus discípulos quem é Jesus e o que Ele significa para eles. O Espírito Santo, então:

Ilumina

"E peço ao Deus do nosso Senhor Jesus Cristo, o Pai glorioso, que dê a vocês o seu Espírito, o Espírito que os tornará sábios e revelará Deus a vocês, para que assim vocês o conheçam como devem conhecer" (Efésios 1.17-18).

Regenera

"A isto, respondeu Jesus: Em verdade, em verdade te digo que, se alguém não nascer de novo, não pode ver o reino de Deus. Perguntou-lhe Nicodemos: Como pode um homem nascer, sendo velho? Pode, porventura, voltar ao ventre materno e nascer segunda vez? Respondeu Jesus: Em verdade, em verdade te digo: quem não nascer da água e do Espírito não pode entrar no reino de Deus. O que é nascido da carne é carne; e o que é nascido do Espírito é espírito. Não te admires de eu te dizer: importa- vos nascer de novo. O vento sopra onde quer, ouves a sua voz, mas não sabes donde vem, nem para onde vai; assim é todo o que é nascido do Espírito" (João 3. 3-8).

Santifica

"Digo, porém: andai no Espírito e jamais satisfareis à concupiscência da carne. Porque a carne milita contra o Espírito, e o Espírito, contra a carne, porque são opostos entre si; para que não façais o que, porventura, seja do vosso querer. Mas, se sois guiados pelo Espírito, não estais sob a lei" (Gálatas 5.16-18).

Transforma

"Mas o fruto do Espírito é: amor, alegria, paz, longanimidade, benignidade, bondade, fidelidade, mansidão, domínio próprio. Contra estas coisas não há lei. E os que são de Cristo Jesus crucificaram a carne, com as suas paixões e concupiscências. Se vivemos no Espírito, andemos também no Espírito" (Gálatas 5.22-25).

O Espírito Santo de Deus, portanto, é quem dá aos cristãos o que eles precisam para se santificarem e servirem ao Senhor. Vimos, então, qual é a obra do Espírito Santo na santificação e entendemos que também fazemos parte dessa obra, sem que haja nenhum tipo de choque ou contradição entre essas duas realidades.

Agora, como novas criaturas, possuímos privilégios especiais. Um dos maiores é nos tornarmos amigos de Deus. *Na carreira cristã, o ser humano salvo jamais desenvolve um papel isolado, ou seja, ele trabalha em conjunto com a operação de Deus, e somente pela misericórdia d'Ele cooperamos no processo de santificação.* A santificação é, portanto, uma dádiva concedida somente aos crentes, eleitos, feitos amigos de Deus, que, como amigos, contribuem com Ele.

Paulo, escrevendo aos filipenses, relata que há uma ajuda mútua para maior progresso na caminhada da santificação: "desenvolvei a vossa salvação com temor e tremor: porque Deus é quem efetua em vós tanto o querer como o realizar, segundo a sua boa vontade" (Filipenses 2.12-13). A base para nosso desenvolvimento na santidade é o exemplo de Cristo. A presença do apóstolo encoraja a obediência dos filipenses, mas a motivação verdadeira vem de Deus, que está agindo nos cristãos, que, assim, vão florescer. Sem o Espírito Santo, não há novo coração. Somente Ele nos faz novas criaturas. "Andai no Espírito, e jamais satisfareis as concupiscências da carne" (Gálatas 5.16).

O Espírito Santo é quem desenvolve no ser humano vontades voltadas às coisas espirituais. Essas vontades terão implicações um tanto dolorosas, pois éramos, por natureza, filhos da ira, vivíamos um estilo de vida inadequado para os padrões divinos, totalmente às margens das coisas de Deus. Com a atuação do Espírito Santo na vida da nova criatura, aquilo que, antes, era um padrão aceitável passa a ser agora expurgado do agir, *"logo, já não sou eu quem vive, mas Cristo vive em mim"* **(Gálatas 2.20)**. Paulo demonstra, com estas palavras, que um novo relacionamento surge e deve intensificar-se entre os cristãos e Deus.

O apóstolo Paulo sempre se preocupou com a vida de seus irmãos em Cristo. Por isso, ele procurava, a cada momento, orientá-los e compartilhar lições e condutas de vida para uma verdadeira santificação, como podemos ver em Efésios 5.15-17: "Portanto, vede prudentemente como andais, não como néscios e sim como sábios, remindo o tempo, porque os dias são maus. Por esta razão, não vos torneis insensatos, mas procurai compreender qual a vontade do Senhor". Paulo retrata o novo padrão de vida do novo ser tocado pelo Espírito Santo, e a vontade do Senhor é que andemos segundo os Seus padrões de justiça.

Outro texto que o mesmo apóstolo usa para nortear os cristãos em um andar ético, como pessoas que realmente têm comunhão com Deus e com os outros, é:

> Por isso, deixando a mentira, fale cada um a verdade com o seu próximo, porque somos membros uns dos outros. Irai-vos e não pequeis; não se ponha o sol sobre a vossa ira, nem deis lugar ao diabo.
>
> Aquele que furtava não furte mais; antes, trabalhe, fazendo com as próprias mãos o que é bom, para que tenha com que acudir ao necessitado. Não saia da vossa boca nenhuma palavra torpe, e sim unicamente a que for boa para edificação, conforme a necessidade, e, assim, transmita graça aos que ouvem. E não entristeçais o Espírito de Deus, no qual fostes selados para o dia da redenção. Longe de vós, toda amargura, e cólera, e ira, e gritaria, e blasfêmias, e bem assim toda malícia. Antes, sede uns para com os outros benignos, compassivos, perdoando-vos uns aos outros, como também Deus, em Cristo, vos perdoou. (Efésios 4. 25-32).

Esses padrões expostos pelo apóstolo Paulo são para o crescimento do cristão, são orientações e exortações para a busca da santificação.

O Espírito Santo não só atua na regeneração, mas trabalha possibilitando ao regenerado buscar a santificação diariamente. Tiago diz: "Resisti o diabo e ele fugirá de vós" (Tiago 4.7). Quando o cristão começa essa busca pela santificação, é o Espírito Santo agindo em seu coração; ele é conscientizado de que precisa fugir para longe do pecado. Agindo assim, obviamente, o cristão dirá "não" aos desejos da carne e, por consequência, dirá "sim" aos desejos do Espírito. Desse modo, o Espírito estará desenvolvendo uma obra tal na vida interior do cristão que agora o pecador sentirá desejo de exteriorizar aquilo que lhe fora outorgado, pelo poder do Espírito Santo atuando em seu coração.

A tarefa do ser humano é de extrema importância, pois assim é descrita na primeira carta aos Coríntios, capítulo 3, versículo 9: *"Porque de Deus somos cooperadores: lavoura de Deus, edifício de Deus sois vós". A santificação é um ato soberano de Deus, em que Ele nos chama para cooperar.* Diante de tal afirmação, entendemos que o Espírito Santo quer que nos fortaleçamos para que tenhamos plenitude de vida; com isso, Ele atingirá o fim desejado, a santificação, de forma gradativa até o seu ápice, na glória, em que seremos perfeitos novamente.

A maioria das pessoas está atrás de Jesus não pelo que Ele é, mas pelo que Ele pode fazer para o nosso bem-estar, sem desejar mudança alguma de vida nem nenhum tipo de relacionamento com Ele. O que faz sucesso nos dias atuais é o sobrenatural. Explora-se a fé, mas de forma totalmente contrária aos ensinamentos de Cristo. Santificam-se criaturas e objetos, mas não há preocupação com a santificação requerida por Deus. Os valores estão distorcidos, muitas vezes dentro da própria Igreja; o que nos leva à pergunta: é esse tipo de Igreja que Jesus implantou para anunciar o Reino, as Boas Novas, e levar o povo a uma mudança de vida, ou seria essa apenas mais uma instituição centrada no homem?

É lamentável que tantas coisas ruins estejam influenciando os cristãos. Parece ser quase impossível para os crentes manterem um padrão de santificação, uma vida exemplar em mundo corrompido, pois estão cercados de pecado. Entretanto, mesmo assim, acreditamos que é possível nos abstermos de tais práticas e buscarmos viver em santidade. Para isso, precisamos ater-nos a alguns procedimentos da vivência que nos levem a uma vida de santificação.

É sempre importante lembrar que a santificação não é um processo meramente natural, nem uma obra individual do homem, mas *"que Deus efetua em parte através da instrumentalidade do homem como um ser racional, requerendo dele a cooperação inteligente"*[43].

E é dessa cooperação inteligente, impulsionada pela ação soberana de Deus, que trataremos no próximo capítulo.

---

[43] FERREIRA, 1980, p. 254.

*O propósito de Deus é nos fazer como Cristo.
E a forma como Ele faz isso é nos enchendo com o seu Espírito Santo.*

(John Stott)

9

UNIÃO COM CRISTO

Uma das mais perigosas armadilhas de Satanás é convencer o cristão de que este pode experimentar muitas coisas do mundo sem ser derrotado espiritualmente. Muitas brechas são abertas nas fileiras dos soldados de Cristo por causa de concessões ao mundo aparentemente sem importância, mas que enfraquecem a sensibilidade moral e espiritual, e acabam minando e destruindo aos poucos as bases da fé.

Vejamos o que Jesus Cristo nos ensina a respeito do mundo e como devemos portar-nos nesta terra vil e impiedosa. Em sua oração sacerdotal, nos versículos de João 17.1-5, Ele diz:

> Tendo Jesus falado estas coisas, levantou os olhos ao céu e disse: Pai, é chegada a hora; glorifica a teu Filho, para que o Filho te glorifique a ti, assim como lhe conferiste autoridade sobre toda a carne, a fim de que ele conceda a vida eterna a todos os que lhe deste. E a vida eterna é esta: que te conheçam a ti, o único Deus verdadeiro, e a Jesus Cristo, a quem enviaste. Eu te glorifiquei na terra, consumando a obra que me confiaste para fazer; e, agora, glorifica-me, ó Pai, contigo mesmo, com a glória que eu tive junto de ti, antes que houvesse mundo.

Jesus ora primeiro por si mesmo ao aproximar-se da cruz. Mas, na sequência, Cristo ora também por seus apóstolos, que estão reunidos ao seu redor e a quem Ele revela o Pai, como nos mostra João 17.6-19:

> Manifestei o teu nome aos homens que me deste do mundo. Eram teus, tu mos confiaste, e eles têm guardado a tua palavra. Agora, eles reconhecem que todas as coisas que me tens dado provêm de ti; porque eu lhes tenho transmitido as palavras que me deste, e eles as receberam, e verdadeiramente conheceram que saí de ti, e creram que tu me enviaste. É por eles que eu rogo; não rogo pelo mundo, mas por aqueles que me deste, porque são teus; ora, todas as minhas coisas são tuas, e as tuas coisas são minhas; e, neles, eu sou glorificado. Já não estou no mundo, mas eles continuam no mundo, ao passo que eu vou para junto de ti. Pai santo, guarda-os em teu nome, que me deste, para que eles sejam um, assim como nós. Quando eu estava com eles, guardava-os no teu nome, que me deste, e protegi-os, e nenhum deles se perdeu, exceto o filho da perdição, para que se cumprisse a Escritura. Mas, agora, vou para junto de ti e isto falo no mundo para que eles tenham o meu gozo completo em si mesmos. Eu lhes tenho dado a tua palavra, e o mundo os odiou, porque eles não são do mundo, como também eu não sou. Não peço que os tires do mundo, e sim que os guardes do mal. Eles não são do mundo, como também eu não sou. Santifica-os na verdade; a tua palavra é a verdade. Assim como tu me enviaste ao mundo, também eu os enviei ao mundo. E a favor deles eu me santifico a mim mesmo, para que eles também sejam santificados na verdade.

Na parte final do capítulo 17 de João, nos versículos de 20 a 26, Jesus ora por sua Igreja — por *toda* a Igreja, presente e futura, constituída de todos aqueles que hão de crer n'Ele por meio do ensino dos apóstolos:

> Não rogo somente por estes, mas também por aqueles que vierem a crer em mim, por intermédio da sua palavra; a fim de que todos sejam um; e como és tu, ó Pai, em mim e eu em ti, também sejam eles em nós; para que o mundo creia que tu

me enviaste. Eu lhes tenho transmitido a glória que me tens dado, para que sejam um, como nós o somos; eu neles, e tu em mim, a fim de que sejam aperfeiçoados na unidade, para que o mundo conheça que tu me enviaste e os amaste, como também amaste a mim. Pai, a minha vontade é que onde eu estou, estejam também comigo os que me deste, para que vejam a minha glória que me conferiste, porque me amaste antes da fundação do mundo. Pai justo, o mundo não te conheceu; eu, porém, te conheci, e também estes compreenderam que tu me enviaste. Eu lhes fiz conhecer o teu nome e ainda o farei conhecer, a fim de que o amor com que me amaste esteja neles, e eu neles esteja.

Se prestarmos atenção na segunda e na terceira parte dos versículos bíblicos de João 17.6-29, perceberemos que Jesus não começa orando por Seu povo, mas, sim, por discípulos comuns.

Por esses versículos, podemos compreender algumas verdades acerca desses discípulos. Em primeiro lugar, Jesus diz que eles pertencem ao Pai e que o Pai os deu a Ele, tirando-os do mundo; portanto, eles lhe pertencem. Em segundo lugar, Jesus afirma que os discípulos conhecem o Pai. Uma vez que o Pai os deu, agora Jesus deu a eles uma revelação do Pai, como se vê no versículo 6: "Manifestei o teu nome aos homens que me deste do mundo". Em terceiro lugar, Jesus afirma que os homens "continuam no mundo, ao passo que eu volto para junto de ti" (v. 11). Embora os homens tenham sido dados do mundo para Cristo, eles permanecem no mundo de onde foram tirados. Essa construção nos mostra que precisamos ser espiritualmente distintos, mas não socialmente segregados do mundo.

Jesus deixa-nos no mundo como seus representantes e embaixadores, somos peregrinos nesta terra. Nós vivemos no mundo como o povo que conhece a Deus e pertence a Cristo. Temos, portanto, uma missão singular: viver em santidade e, desse modo, fazer Jesus conhecido, sem, contudo, nos contaminarmos com o mundo.

Jesus, então, pede ao Pai com todo o zelo: "Pai santo, guarda-os [...] peço [...] que os guardes do mal" (v. 11, 15). É uma oração de Jesus direcionada a Deus Pai, que é santo, para que nos guarde, conserve-nos santos e livre-nos de qualquer influência do mundo. Que permaneçamos fiéis àquilo que nós somos, povo de propriedade exclusiva de Deus, povo santo e que, por conseguinte, deve viver em santificação.

Jesus, em sua oração, não somente pede ao Pai para que nos guarde como povo fiel ao Seu nome, mas também para que nos guarde do mal. Ele queria que fôssemos guardados e mantidos em santidade. O apóstolo Paulo aos gentios declara que o destino da Igreja de Cristo é apresentar-se "igreja, gloriosa, sem mácula, sem ruga, nem coisa semelhante, porém santa e sem defeito" (Efésios 5.27).

A santidade da Igreja é requerida por Cristo. Sua visão de santificação da Igreja não é, contudo, nem afastamento nem conformação com o mundo. Afastar-se era o que os fariseus faziam. Ansiosos, aplicavam a lei em detalhes da vida cotidiana, tornando o fardo pesado demais — eles tinham uma compreensão falsa da santificação. Eles criam que um mero contato com o mal e com pessoas más resultaria em contaminação.

De certa forma, na Igreja tem perdurado um tipo de fariseísmo ou separatismo cristão, devido a um anseio apaixonado por santificação, um zelo pela cultura cristã, em um esforço próprio de preservar-se do mundo ímpio. Os eremitas, por exemplo, fugiram para o deserto e viveram uma vida monástica durante o século XVI. Hoje, muitas igrejas, no período de Carnaval, se retiram das cidades para não se contaminarem. Por mais nobres que sejam os motivos, não é isso que Deus requer da Igreja, mas que ela seja a luz no mundo que jaz em trevas. A oração de Jesus foi bem específica: embora quisesse que os discípulos fossem protegidos do mal, Ele não queria que eles fossem tirados do mundo (João 17.15).

Se a atitude dos fariseus era a de afastamento total do mundo, a atitude dos saduceus era a de conformação. Em contrapartida a essas duas situações extremas, Jesus convida-nos a viver "*no* mundo" (João 17.11), ao mesmo tempo que nos chama para, assim como Ele, "não ser *do* mundo" (João 7.14). Isto é, viva em santificação, não pertencendo ao mundo, tampouco imitando os seus caminhos. A Igreja de Cristo não pode viver segundo os padrões de santidade do mundo, mas deve seguir a santidade segundo os padrões bíblicos. Devemos viver em conformidade com Jesus.

Cristo redimiu-nos da maldição da lei. Ele se fez maldição em nosso lugar, a fim de desfrutarmos dos benefícios da promessa do Espírito Santo. Como está escrito em Gálatas 3.13-14:

> Cristo nos resgatou da maldição da lei, fazendo-se ele próprio maldição em nosso lugar (porque está escrito: Maldito todo aquele que for pendurado em madeiro), para que a bênção de Abraão chegasse aos gentios, em Jesus Cristo, a fim de que recebêssemos, pela fé, o Espírito prometido.

Cristo, no seu último discurso aos Seus discípulos, disse que convinha que Ele fosse embora para que enviasse o Consolador, que supriria Sua ausência (João 16.7). "Ele iria suprir o lugar de Cristo, em sua presença visível, levar a bom termo sua obra, reunir seu povo, transformá-lo na semelhança de Cristo e comunicar-lhe todos os benefícios de sua redenção"[44].

Ao recebermos o Espírito Santo em nossa vida, somos unidos a Cristo e podemos dizer: "Logo já não sou eu quem vive, mas Cristo vive em mim" (Gálatas 2.20). Se o íntimo do homem é mudado, também o seu exterior, a sua vida, tem de sofrer mudanças. A união com Cristo faz-nos produzir os frutos do Espírito.

Temos de estar arraigados a Deus, por intermédio de Jesus Cristo, pois foi Ele quem se doou, unindo-nos de volta a Deus, enxertando-nos à videira. Pois Ele é a fonte de onde tiramos a

---

[44] HODGE, C. **Teologia sistemática**. São Paulo: Ed. Hagnos, 2001. p. 1.193.

força e a disposição para vencermos o pecado que tenazmente nos assedia. Além disso, se não tivermos comunhão com Deus, que é luz, estaremos em densas trevas. E "que comunhão há entre as trevas e a luz?" (2 Coríntios 6.14). Estando o mundo em trevas, precisamos logo desenvolver a nossa comunhão com Deus, tendo como objetivo a nossa santificação.

"Estamos em obra". É comum lermos essa frase em locais em que alguma construção ou reforma está sendo realizada. Talvez devêssemos ter uma placa dessas também, indicando que estamos em obra. A partir da salvação, que é uma obra completa e definitiva na cruz do calvário, o Espírito Santo começa uma obra em nós, a santificação. "A vereda dos justos é como a luz da aurora, que vai brilhando mais e mais até a ser dia perfeito" (Provérbios 4.18).

Comprometidos com o Pacto

Para nos mantermos santos em um mundo perverso, é necessário nos comprometermos com o Pacto que Deus teve a iniciativa de estabelecer com o ser humano.

Na *Confissão de fé de Westminster*, no item 3 do capítulo 7, encontramos a seguinte declaração com respeito ao Pacto:

> Tendo-se o homem tornado, pela sua queda, incapaz de ter vida por meio deste pacto, o Senhor dignou-se a fazer um segundo pacto, geralmente chamado de pacto da graça; neste pacto da graça ele livremente oferece aos pecadores a vida e a salvação por meio de Jesus Cristo, exigindo deles a fé para que sejam salvos e prometendo o seu Santo Espírito a todos os que estão ordenados para a vida, a fim de dispô-los e habilitá-los a crer. (Gn 3.21; Rm 3.20-21; Rm 8.3; Is 42.6; Gn 3.15; Mt 28.18-20; Jo 3.16; Rm 1.16-17; Rm 10. 6-9; At 13.48; Ez 36.26-27; Jo 5.37,44,45; Lc 11.13; Gl 3.14).

No Pacto da Graça, há algumas peculiaridades notáveis. Primeiramente, o pacto é soberano e unilateral, ou seja, não é um contrato de dois lados, mas de um lado só: o Deus Todo-Poderoso, que vai até sua criatura caída; o Deus Santo, que se move em direção ao ser humano pecador.

É o Pacto que dignifica e dá significado à vida, por isso podemos dizer que não é um contrato entre dois lados iguais. Consequentemente, a criatura nada acrescenta ao Pacto, o que significa que Deus estabelece as condições soberanamente, cabendo ao homem, então, apenas ser um receptor das condições do Pacto. Daí dizer-se que o Pacto é soberanamente instituído por Deus, quem, ao ver que o ser humano não se manteve firme em seu estado original, estabeleceu o Pacto da Graça, com o qual o homem deve comprometer-se.

O apóstolo Paulo deixa clara aos crentes de Éfeso a intervenção soberana de Deus ao estabelecer o Pacto da Graça. "Porque pela graça sois salvos, mediante a fé; e isto não vem de vós; é dom de Deus; não de obras, para que ninguém se glorie" (Efésios 2.8,9). Esse pacto foi estabelecido entre Deus e Cristo, porque Cristo é o mediador entre Deus e os homens. Nosso grande desafio é, embora vivendo em um mundo turbulento, afetado pelo pecado, ter um compromisso com Deus acima de tudo. "Na verdade, a terra está contaminada por causa dos seus moradores porquanto transgrediram as leis, violaram os estatutos, quebraram a aliança" (Isaías 24.5).

> Muitas nações passaram por esta cidade, e dirá cada uma ao seu companheiro: Por que procedeu o Senhor assim com esta cidade? Então lhes responderá: Porque deixaram a aliança do Senhor, seu Deus, e adoraram a outros deuses, e os serviram (Jeremias 22.8 e 9).

Quando o povo de Deus se mantinha firme, eles prosperavam, mas, quando se esqueciam da aliança, sofriam com o cativeiro.

O homem, enquanto estava debaixo da lei, estava debaixo de maldição, logo, como disse Hodge, éramos inimigos de Deus "e produzimos frutos para morte. Somente quando somos libertados da lei pelo corpo ou morte de Cristo, e unidos a ele, é que produzimos frutos para Deus"[45]. O apóstolo Paulo, escrevendo aos romanos, diz:

> Assim, meus irmãos, também vós morrestes relativamente à lei, por meio do corpo de Cristo, para pertencerdes a outro, a saber, aquele que ressuscitou dentre os mortos, a fim de que frutifiquemos para Deus. Porque, quando vivíamos segundo a carne, as paixões pecaminosas postas em realce pela lei operavam em nossos membros, a fim de frutificarem para a morte. Agora, porém, libertados da lei, estamos mortos para aquilo a que estávamos sujeitos, de modo que servimos em novidade de espírito e não na caducidade da letra (Romanos 7.4-6).

De igual modo, o novo Israel de Deus, o Seu povo, a Sua Igreja, tem um compromisso com o Senhor. O grande desafio é vivermos neste mundo sem nos contaminarmos com este, é sermos diferentes, é termos um padrão de vida pautado nos ensinamentos bíblicos, buscando a santificação, é sermos homens e mulheres comprometidos com o Pacto de Deus.

Berkhof, Hodge e Ferreira, ao descreverem os critérios necessários para o desenvolvimento da santificação, são unânimes quando afirmam a necessidade de relacionamento com outros regenerados. Como dito por Berkhof: "A santificação [...] depende do uso de certos meios, tais como o exercício da fé, o estudo da Palavra de Deus, a oração e a associação com outros crentes"[46].

Charles Hodge afirma:

---

[45] *Ibidem*, p. 1.192.
[46] BERKHOF, 1932, p. 491 *apud* FERREIRA, 1980, p. 255.

> A vida intelectual e social do homem não se desenvolve no isolamento e solidão. É somente em contato e colisão com seus semelhantes que ele exercita suas capacidades e cultiva suas virtudes sociais. E assim também se dá com a vida eclesial dos crentes, é com sua comunhão no culto e com o serviço de Deus, bem como com seus bons ofícios e comunhão mútuos, que se desenvolve a vida espiritual [...].[47]

Temos, assim, que a vivência comunitária é imprescindível para a nossa santificação. A sociedade moderna tecnocrata, que destrói o relacionamento com Deus, também destrói a comunhão entre as pessoas, pois leva-as para uma cultura individualista. Vivemos em uma era de desintegração social, em que as pessoas acham difícil se relacionarem umas com as outras. Assim, continuamos perseguindo aquilo que foge de nós, o amor em um mundo sem amor.

O grande desafio tem a ver com a qualidade da comunhão da Igreja. Nós anunciamos que Deus é amor e que Jesus Cristo é a verdadeira comunhão, dizemos que a Igreja faz parte do evangelho, declaramos que o propósito de Deus não é salvar indivíduos isolados, mas construir uma Igreja, criar outra sociedade e até outra humanidade em que serão abolidas as barreiras raciais, nacionais e sociais, e essa nova comunidade de Jesus tem a ousadia de apresentar-se como a verdadeira sociedade alternativa, que ofusca os valores e os padrões do mundo.

O autor do livro aos Hebreus, no capítulo 10, versículos 24 e 25, diz:

> Consideremo-nos também uns aos outros, para nos estimularmos ao amor e às boas obras. Não deixemos de congregar-nos, como é de costume de alguns; antes, façamos admoestações e tanto mais quanto vedes que o dia se aproxima.

---

[47] HODGE, 2001, p. 1.195.

Com base nesse texto, entendemos que é necessária a convivência com o outro, pois, ouvindo os estímulos dos irmãos, estaremos preparados para o Dia do Senhor. O Espírito Santo faz das ordenanças do Senhor, da Palavra, dos sacramentos e da oração meios efetivos para o avanço da santificação de Seu povo.

Assim, a santificação é vivenciada pelo regenerado no Corpo de Cristo por meio de alguns elementos utilizados pelo Espírito Santo na vida dos cirstãos, tais como:

1. A Palavra de Deus

Este é o meio principal utilizado pelo Espírito Santo para a santificação. A Palavra, de forma isolada, não santifica ninguém, mas sim o seu uso no exercício de atos santos, direcionando, proibindo, exortando, dando exemplos, sempre debaixo da ação do Espírito Santo na vida do regenerado.

A pregação da Palavra é feita pelo Corpo de Cristo. Deus utiliza homens e mulheres para anunciar qual é a Sua vontade para a vida do regenerado.

2. Os sacramentos

Os sacramentos fazem parte das ordenanças. A *Confissão de fé de Westminster*, no capítulo 7, item 6, diz: "Sob o evangelho, quando Cristo, a substância se manifestou, as ordenanças pelas quais este pacto é dispensado são a pregação da Palavra e a administração dos Sacramentos". Os sacramentos são a representação vívida da verdade, em que é exercida a comunhão dos santos.

A resposta à pergunta 162, "O que é um sacramento?", d'*O catecismo maior de Westminster* é:

> O sacramento é uma santa ordenança instituída por Cristo na sua Igreja, para significar, selar e conferir àqueles que estão no pacto da graça os benefícios da mediação de Cristo; para os fortale-

cer e lhes aumentar a fé e todas as demais graças, e os obrigar à obediência; para testemunhar e nutrir o seu amor e comunhão uns para com os outros, e para distinguir entre eles e os que estão fora.

Temos, então, os sacramentos como meios de santificação e fortalecimento daqueles que vivem pautados na Palavra de Deus.

3. Providência de Deus

Sendo a providência favorável ou não, é um excelente meio para a santificação, principalmente quando passamos ou percebemos que outro membro do Corpo está passando por momentos difíceis. Em meio ao sofrimento, podemos ver com clareza até que ponto está forjada dentro de nós a imagem de Cristo e qual é o nível de santificação em que nos encontramos.

Ao mesmo tempo, somos motivados por outros membros do Corpo, à luz da Palavra de Deus, para a interpretação correta da direção do Senhor por meio da Sua providência. Paulo, o apóstolo de Cristo, diz: "Ou desprezas a riqueza da sua bondade, e tolerância, e longanimidade, ignorando que a bondade de Deus é que te conduz ao arrependimento?" (Romanos 2.4). Além disso, como cristãos, afirmamos: confiantes em Cristo, sabemos que Jesus virá e humildemente esperamos a sua volta. A busca contemporânea por amor e significado é um dos maiores desafios e oportunidades com que a Igreja jamais se defrontou. As pessoas procuram justamente aquilo que Jesus oferece. Portanto, por meio da santificação, a Igreja pode ser profundamente renovada pelo Espírito e pela Palavra de Deus, a ponto de oferecer uma experiência de transcendência mediante a sua adoração; de significância, valendo-se de seu ensino; e de comunidade, por meio de sua comunhão. Se a Igreja proceder desse modo, as pessoas voltar-se-ão ansiosamente para ela em sua busca, e, assim, nossa proclamação das Boas Novas terá uma credibilidade que alcançará cada dia mais pessoas.

Como diz John Stott[48]:

> Nós não devemos nem ceder, nem nos omitir. Pelo contrário, precisamos ficar no mundo e permanecer firmes, assim como uma rocha na correnteza da montanha, como uma rosa que desabrocha em pleno inverno e como um lírio que cresce no meio do estrume.

---

[48] STOTT, J. R. W. **Ouça o Espírito, ouça o mundo**: como ser um cristão contemporâneo. São Paulo: Ed. ABU, 2005. p. 292.

10

EPÍLOGO

A santificação é um ato soberano de Deus. A santificação desenvolveu-se e desenvolve-se na história do povo de Deus. O ser humano possui um papel dentro do processo de santificação, e por isso procuramos incentivar, neste livro, cada regenerado a desenvolver uma busca pela santificação ativa de Deus.

No "Prólogo", dissemos que hoje se vive um cristianismo desconexo com o de Jesus Cristo. Ao longo do livro, vimos que há meios ou caminhos para que se viva uma vida pautada na santidade que Cristo requer. Nos tempos de Jesus, não era muito diferente, pois, apesar dos prodígios, sinais e milagres realizados por Ele, as pessoas — em específico, o povo de Israel — não quiseram segui-Lo, preferindo seus próprios cuidados, satisfazendo seu próprio ego.

Por isso, é necessário buscar com mais veemência uma vida reta diante de Deus. Precisamos, impelidos pelo Espírito Santo, reconhecer a soberania de Deus, a dispensação do seu imensurável amor para conosco e entender que, como prova desse amor, Ele deu seu Filho como redenção pelos pecadores. Será que, se observássemos tudo isso com mais frequência, continuaríamos a andar segundo nossos próprios desejos? Porque, em Cristo, o Servo, toda pessoa que está unida a Deus e é aprovada por Ele se torna perfeita, sem culpa, e habilitada para toda boa obra. Deus, mesmo sabendo de nossa situação pecadora, chama-nos para ser santos como Ele é, "porque escrito está: Sede santos, porque eu sou santo" (1 Pedro 1.16).

Hoje nós cristãos muitas vezes avaliamos a Igreja de forma injusta, vemos apenas os aspectos negativos. Afinal, existem, por todo o mundo, comunidades cristãs em que se encontram homens e mulheres regenerados e que buscam a santificação. Na Igreja, encontramos servos, que, apesar dos percalços, buscam praticar o amor verdadeiro, sacrificial, atencioso e o apoio mútuo impelidos pelo Espírito Santo. Onde quer que floresça a santificação soberana de Deus, é quase impossível que o mundo não veja a luz de Cristo brilhando cada dia mais até ser dia perfeito. A Igreja de Cristo está militando no mundo.

Absorvamos essas verdades para vivermos em santidade. Assim, teremos uma Igreja forte, transformada, calcada nas Sagradas Escrituras, dentro dos parâmetros de Cristo, um Corpo edificado e pautado no sacrifício de Jesus, e, desse modo, viveremos plenamente a santificação.

REFERÊNCIAS

A CONFISSÃO DE FÉ DE WESTMINSTER. São Paulo: Cultura Cristã, 2019.

ALLMEN, J. **Vocabulário Bíblico**. 2ª ed. São Paulo: Ed. Aste, 1972.

BAVINCK, H. **Teologia Sistemática**. Santa Barbara d'Oeste: SOCEP, 2001.

BERKHOF, L. **Teologia Sistemática**. 4ª Ed. São Paulo: Cultura Cristã, 2012.

BERKOUWER, G.C. **Doutrina Bíblica do Pecado**. São Paulo: Ed. Aste, 1970.

BÍBLIA DE ESTUDO DE GENEBRA. São Paulo: Cultura Cristã, Sociedade Bíblica do Brasil, 1999.

BÍBLIA DE ESTUDOS NAA. São Paulo: Cultura Cristã, Sociedade Bíblica do Brasil, 2020.

BÍBLIA HEBRAICA STUTTGARTENSIA. 4ª ed. Stuttgart: Deutsche Bibel-gesellschaft, 1990.

BÍBLIA DE JERUSALÉM. São Paulo: Ed. Paulinas, 1985.

BINNEY, A. R. **Compêndio de Teologia**. Campinas: Ed. Nazarena Campinas, 1980.

BRAGA, L. **Manual de Catecúmenos:** esboço de teologia cristã. 3. ed. São Paulo: Casa Editora Presbiteriana, 1971.

BREVE CATECISMO. São Paulo: Cultura Cristã, 2013.

CALVINO, J. **A Instituição da Religião Cristã**. Tomo I e II. São Paulo: Ed. UNESP, 2009.

CAMPOS, H. C. **O Ser de Deus**. São Paulo: Ed. Cultura Cristã, 1999.

CATECISMO CATÓLICO. Vaticano: Edição Típica Vaticana, 1992.

CARSON, D. A. **Soberania Divina e Responsabilidade Humana**. São Paulo: Ed. Vida Nova 2017.

CHAFER, L. S. **Systematic Theology**. vol. 1. Dallas, Texas USA: Dallas Seminary Press, 1978.

CHAMPLIN, R. P.; BENTES, J. M. **Enciclopédia de Bíblia e Teologia e Filosofia**. São Paulo: Ed. Candeia, 1991.

DEYOUNG, K. **Brecha em Nossa Santidade**. São José dos Campos: Ed. Fiel, 2013.

DICIONÁRIO INTERNACIONAL DE TEOLOGIA DO ANTIGO TESTAMENTO. São Paulo: Ed. Vida Nova, 1998.

DICIONÁRIO HEBRAICO-PORTUGUÊS. São Leopoldo e Rio de Janeiro: Ed. Sinodal e Vozes, 1991.

EDWARDS, J. **A Busca da Santidade**. São Paulo: Ed. Cultura Cristã, 2010.

EDWARDS, J. **Afeições Religiosas**. São Paulo: Ed. Cultura Cristã, 2018.

FÁBIO, C. **O Deus que Vive em Nós**. São José dos Campos: Ed. CLC, 1991.

FERGUSON, S. B. **O Espírito Santo**. Editora Os Puritanos, 2014.

FERREIRA, J. A. **Antologia Teológica**. Campinas: Ed. Cristã Unida, 1980.

GARDNER, E. C. **Fé Bíblica e Ética Social**. São Paulo: Ed. Aste, 1965.

GONZALEZ, J. L. **Uma História Ilustrada do Cristianismo**. São Paulo: Ed. Vida Nova, 1980.

HOUSTON, J. **A Oração**: o caminho para quem busca amizade com Deus. Brasília: Ed. Palavra, 2009.

HODGE, C. **Teologia Sistemática**. São Paulo: Ed. Hagnos, 2001.

HULME, W. E. **Dinâmica da Santificação**. São Leopoldo: Ed. Sinodal, 1981.

KEITH, R. **Lutero e a Reforma Alemã**. São Paulo: Ed. Ática, 1995.

KNIGHT, J. À Semelhança de Cristo. Missouri: Casa Nazarena de Publicações, 1980.

LÉXICO DO N.T. GREGO/PORTUGUÊS. Barueri: Sociedade Bíblica do Brasil, 2010.

MACARTHUR, J. **A Verdade Sobre o Senhorio de Cristo:** a submissão à autoridade absoluta de Cristo não é uma opção, mas obrigação suprema. São Paulo: Editora Cultura Cristã, 2014.

MINIDICIONÁRIO ESCOLAR PORTUGUÊS. São Paulo: Ed. Ciranda Cultural. 2014.

MITCHEL, L. A. **Estudo do vocabulário do Antigo Testamento.** São Paulo: Ed. Cultura Cristã, p. 43.

MURRAY, J. **Redenção Consumada e Aplicada.** São Paulo: Ed. Cultura Cristã, 1993.

O CATECISMO MAIOR DE WESTMINSTER. São Paulo: Ed. Cultura Cristã, 2013.

PACKER, J. I. **Na Dinâmica do Espírito.** São Paulo: Ed. Vida Nova, 1991.

PACKER, J. I. **Caminhando no Poder do Espírito.** São Paulo: Ed. Vida Nova, 2018.

PINK, A. W. **Deus é Soberano.** Atibaia: Ed. Fiel, 1977.

PIPER, J.; MATHIS, D. **O Mistério da Santificação.** São Paulo: Ed. Cultura Cristã, 2015.

RYLE, J. C. **Santidade.** São José dos Campos: Ed. Fiel, 2016.

RYLE, J. C. **Holiness.** Darlington: Evangelical Press, 1991.

SALUM, O. **Teologia Sistemática Reformada.** São Paulo: Ed. Cultura Cristã. 2017.

SHEED, R. P. **Lei, Graça e Santificação.** São Paulo: Ed. Vida Nova, 2001.

SMITH, O. J. **O Homem que Deus Usa.** São Paulo: Ed. Vida, 2006.

SPROUL, R. C. **A Santidade de Deus**. São Paulo: Ed. Cultura Cristã, 2008.

SPROUL, R. C. **Eleitos de Deus**. São Paulo: Ed. Cultura Cristã, 2009.

STANLEY, N. G. **5 Perspectivas Sobre Santificação**. São Paulo: Ed. Vida, 2006

STOTT, J. R. W. **A Mensagem de Romanos**. São Paulo: Ed. Ultimato, 2007.

STOTT, J. R. W. **Ouça o Espírito, Ouça o Mundo**: como ser um cristão contemporâneo. São Paulo: Ed. ABU, 2005.

TEIXEIRA, A. **Dogmática Evangélica**. São Paulo: Ed. Pendão Real, 1976.

WRIGHT, R. K. M. **A Soberania Banida**: redenção para a cultura pós-moderna. São Paulo: Ed. Cultura Cristã, 2008.

A CONFISSÃO de fé de Westminster. São Paulo: Cultura Cristã, 2019.

ALLMEN, J. **Vocabulário bíblico**. 2. ed. São Paulo: Ed. Aste, 1972.

BAVINCK, H. **Teologia sistemática**. Santa Barbara d'Oeste: Socep, 2001.

BERKHOF, L. **Teologia sistemática**. 4. ed. São Paulo: Cultura Cristã, 2012.

BERKOUWER, G. C. **Doutrina bíblica do pecado**. São Paulo: Ed. Aste, 1970.

BÍBLIA de estudo de Genebra. São Paulo: Cultura Cristã; Sociedade Bíblica do Brasil, 1999.

BÍBLIA de estudos NAA. São Paulo: Cultura Cristã; Sociedade Bíblica do Brasil, 2020.

BÍBLIA de Jerusalém. São Paulo: Ed. Paulinas, 1985.

BÍBLIA hebraica stuttgartensia. 4. ed. Stuttgart: Deutsche Bibel-gesellschaft, 1990.

BINNEY, A. R. **Compêndio de teologia**. Campinas: Ed. Nazarena Campinas, 1980.

BRAGA, L. **Manual de catecúmenos**: esboço de teologia cristã. 3. ed. São Paulo: Casa Editora Presbiteriana, 1971.

BREVE catecismo. São Paulo: Cultura Cristã, 2013.

CALVINO, J. **A instituição da religião cristã**. São Paulo: Ed. Unesp, 2009. t. 1-2.

CAMPOS, H. C. **O Ser de Deus**. São Paulo: Ed. Cultura Cristã, 1999.

CARSON, D. A. **Soberania divina e responsabilidade humana**. São Paulo: Ed. Vida Nova, 2017.

CATECISMO católico. Vaticano: Edição Típica Vaticana, 1992.

CHAFER, L. S. **Systematic theology**. Dallas, Texas, USA: Dallas Seminary Press, 1978. v. 1.

CHAMPLIN, R. P.; BENTES, J. M. **Enciclopédia de Bíblia e teologia e filosofia**. São Paulo: Ed. Candeia, 1991.

DEYOUNG, K. **Brecha em nossa santidade**. São José dos Campos: Ed. Fiel, 2013.

DICIONÁRIO hebraico-português. São Leopoldo; Rio de Janeiro: Ed. Sinodal; Vozes, 1991.

DICIONÁRIO internacional de teologia do Antigo Testamento. São Paulo: Ed. Vida Nova, 1998.

EDWARDS, J. **A busca da santidade**. São Paulo: Ed. Cultura Cristã, 2010.

EDWARDS, J. **Afeições religiosas**. São Paulo: Ed. Cultura Cristã, 2018.

FÁBIO, C. **O Deus que vive em nós**. São José dos Campos: Ed. CLC, 1991.

FERGUSON, S. B. **O Espírito Santo**. [S. l.]: Editora Os Puritanos, 2014.

FERREIRA, J. A. **Antologia teológica**. Campinas: Ed. Cristã Unida, 1980.

GARDNER, E. C. **Fé bíblica e** ética social. São Paulo: Ed. Aste, 1965.

GONZALEZ, J. L. **Uma história ilustrada do cristianismo**. São Paulo: Ed. Vida Nova, 1980.

HODGE, C. **Teologia sistemática**. São Paulo: Ed. Hagnos, 2001.

HOUSTON, J. **A oração**: o caminho para quem busca amizade com Deus. Brasília: Ed. Palavra, 2009.

HULME, W. E. **Dinâmica da santificação**. São Leopoldo: Ed. Sinodal, 1981.

KEITH, R. **Lutero e a Reforma Alemã**. São Paulo: Ed. Ática, 1995.

KNIGHT, J. **À semelhança de Cristo**. Missouri: Casa Nazarena de Publicações, 1980.

LÉXICO do N.T. grego/português. Barueri: Sociedade Bíblica do Brasil, 2010.

MACARTHUR, J. **A verdade sobre o senhorio de Cristo**: a submissão à autoridade absoluta de Cristo não é uma opção, mas obrigação suprema. São Paulo: Editora Cultura Cristã, 2014.

MINIDICIONÁRIO escolar português. São Paulo: Ed. Ciranda Cultural, 2014.

MITCHEL, L. A. **Estudo do vocabulário do Antigo Testamento**. São Paulo: Ed. Cultura Cristã.

MURRAY, J. **Redenção consumada e aplicada**. São Paulo: Ed. Cultura Cristã, 1993.

O CATECISMO maior de Westminster. São Paulo: Ed. Cultura Cristã, 2013.

PACKER, J. I. **Caminhando no poder do Espírito**. São Paulo: Ed. Vida Nova, 2018.

PACKER, J. I. **Na dinâmica do Espírito**. São Paulo: Ed. Vida Nova, 1991.

PINK, A. W. **Deus é soberano**. Atibaia: Ed. Fiel, 1977.

PIPER, J.; MATHIS, D. **O mistério da santificação**. São Paulo: Ed. Cultura Cristã, 2015.

RYLE, J. C. **Holiness**. Darlington: Evangelical Press, 1991.

RYLE, J. C. **Santidade**. São José dos Campos: Ed. Fiel, 2016.

SALUM, O. **Teologia sistemática reformada**. São Paulo: Ed. Cultura Cristã, 2017.

SHEED, R. P. **Lei, graça e santificação**. São Paulo: Ed. Vida Nova, 2001.

SMITH, O. J. **O homem que Deus usa**. São Paulo: Ed. Vida, 2006.

SPROUL, R. C. **A santidade de Deus**. São Paulo: Ed. Cultura Cristã, 2008.

SPROUL, R. C. **Eleitos de Deus**. São Paulo: Ed. Cultura Cristã, 2009.

STANLEY, N. G. **5 Perspectivas sobre santificação**. São Paulo: Ed. Vida, 2006.

STOTT, J. R. W. **A mensagem de Romanos**. São Paulo: Ed. Ultimato, 2007.

STOTT, J. R. W. **Ouça o Espírito, ouça o mundo**: como ser um cristão contemporâneo. São Paulo: Ed. ABU, 2005.

TEIXEIRA, A. **Dogmática evangélica**. São Paulo: Ed. Pendão Real, 1976.

WRIGHT, R. K. M. **A soberania banida**: redenção para a cultura pós-moderna. São Paulo: Ed. Cultura Cristã, 2008.